한자능력 검정시험

기출·예상문제집

한국어문회가 직접 발간한 문제집

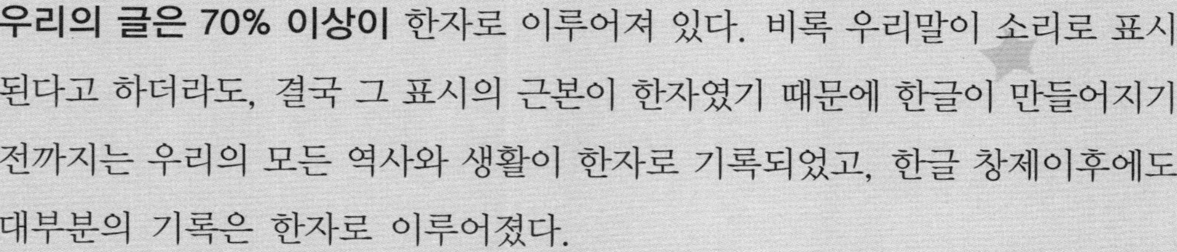

머리말

우리의 글은 70% 이상이 한자로 이루어져 있다. 비록 우리말이 소리로 표시된다고 하더라도, 결국 그 표시의 근본이 한자였기 때문에 한글이 만들어지기 전까지는 우리의 모든 역사와 생활이 한자로 기록되었고, 한글 창제이후에도 대부분의 기록은 한자로 이루어졌다.
따라서 우리의 학문, 역사, 민속 등 모든 문화유산은 한자를 모르고는 정확히 이해할 수 없으며, 무엇보다 지금 당장의 생활과 공부를 위해서도 한자가 필요한 것이다.

그 동안 어문교육에 대한 이견으로 한자 교육의 방향성이 중심을 잡지 못하고 표류하였으나 아무리 한글전용이 기본이고 어려운 한자어를 우리말로 바꾸는 작업을 꾸준히 한다 하더라도 눈앞에 문장을 이해하지 못하고 어쩔 수 없이 사교육의 영역에서 한자를 공부하는 현실을 부인할 수 없는 것이다. 공교육의 영역에서 충실한 한자교육이 이루어지지 못하는 지금의 상황에서는 한자학습의 주요한 동기부여수단의 하나인 동시에 학습결과도 확인해볼 수 있는 한자능력검정시험의 역할이 더욱 중요하기 때문에, 우선적으로 시험을 위한 문제집으로서 이 책을 출간하게 되었다. 한자공부가 어렵게만 느껴지는 분들에게 이 책이 충분히 도움이 될 것으로 믿으며, 한자학습을 지도하는 부모님들이나 선생님들의 부담도 덜어줄 것이라고 감히 추천하는 바이다.

이 책의 구성

- **출제유형 및 합격기준**
- **출제유형분석** – 학습이나 지도의 가이드라인을 제시
- **배정한자 및 사자성어 수록**
- **반대자, 반대어**
- **유의자, 유의어**
- **약자**
- **예상문제** – 기출문제분석에 의한 배정한자의 문제화
- **실제시험답안지** – 회별로 구성
- **최근 기출문제 8회분 수록**

이 책이 여러분들의 한자실력향상에 도움이 되기를 바란다.

편저자 씀

한자능력시험 급수별 출제유형

구 분	특급	특급II	1급	2급	3급	3급II	4급	4급II	5급	5급II	6급	6급II	7급	7급II	8급
읽기 배정 한자	5,978	4,918	3,500	2,355	1,817	1,500	1,000	750	500	400	300	225	150	100	50
쓰기 배정 한자	3,500	2,355	2,005	1,817	1,000	750	500	400	300	225	150	50	0	0	0
독 음	45	45	50	45	45	45	32	35	35	35	33	32	32	22	24
한자 쓰기	40	40	40	30	30	30	20	20	20	20	20	10	0	0	0
훈 음	27	27	32	27	27	27	22	22	23	23	22	29	30	30	24
완성형[성어]	10	10	15	10	10	10	5	5	4	4	3	2	2	2	0
반의어	10	10	10	10	10	10	3	3	3	3	3	2	2	2	0
뜻풀이	5	5	10	5	5	5	3	3	3	3	2	2	2	2	0
동음이의어	10	10	10	5	5	5	3	3	3	3	2	0	0	0	0
부 수	10	10	10	5	5	5	3	3	0	0	0	0	0	0	0
동의어	10	10	10	5	5	5	3	3	3	3	2	0	0	0	0
장단음	10	10	10	5	5	5	3	0	0	0	0	0	0	0	0
약 자	3	3	3	3	3	3	3	3	3	3	0	0	0	0	0
필 순	0	0	0	0	0	0	0	0	3	3	3	3	2	2	2
한 문	20	20	0	0	0	0	0	0	0	0	0	0	0	0	0

- 상위급수 한자는 모두 하위급수 한자를 포함하고 있습니다.
- 쓰기 배정 한자는 한두 급수 아래의 읽기 배정한자이거나 그 범위 내에 있습니다.
- 출제유형표는 기본지침자료로서, 출제자의 의도에 따라 차이가 있을 수 있습니다.
- 공인급수는 교육과학기술부로부터 국가공인자격 승인을 받은 특급·특급Ⅱ·1급·2급·3급·3급Ⅱ이며, 교육급수는 한국한자능력검정회에서 시행하는 민간자격인 4급·4급Ⅱ·5급·5급Ⅱ·6급·6급Ⅱ·7급·7급Ⅱ·8급입니다.
- 5급Ⅱ·7급Ⅱ는 신설 급수로 2010년 11월 13일 시험부터 적용됩니다.
- 6급Ⅱ 읽기 배정한자는 2010년 11월 13일 시험부터 300자에서 225자로 조정됩니다.

한자능력검정시험 합격기준

구 분	특급	특급II	1급	2급	3급	3급II	4급	4급II	5급	5급II	6급	6급II	7급	7급II	8급
출제문항수	200	200	200	150	150	150	100	100	100	100	90	80	70	60	50
합격문항수	160	160	160	105	105	105	70	70	70	70	63	56	49	42	35
시험시간	100분	100분	90분	60분	60분	60분	50분	50분	50분	50분	50분	50분	50분	50분	50분

- 특급, 특급Ⅱ, 1급은 출제 문항수의 80% 이상, 2급~8급은 70% 이상 득점하면 합격입니다.

한자능력검정시험

차 례

유형분석(類型分析)

➔ 기출문제의 유형들을 분석하여 실제문제에 완벽히 대비할 수 있도록 하였습니다.

6級에서는 7級과 달리 한자어의 讀音(독음), 한자의 訓音(훈음), 筆順(필순), 한자어 등의 빈칸을 메워 완성하는 문제, 뜻이 반대되는 글자나 단어를 지문에서 찾아내는 문제, 한자어의 뜻을 풀이하는 문제 외에 한자나 한자어를 직접 쓰는 문제가 출현하며, 동의어(同義語), 동음이의어(同音異義語) 문제도 나온다. 총 90문제가 출제된다.

우선 정해진 배정한자 300자 낱글자의 훈음과 쓰는 순서를 모두 익힌 뒤에 그 글자들이 어울려 만들어내는 한자어의 독음과 뜻을 학습하여야 한다. 그리고 반대자[뜻이 반대인 글자], 반대어[뜻이 반대인 한자어], 동음이의자[소리는 같고 뜻은 다른 한자], 동음이의어[소리는 같고 뜻은 다른 한자어]의 개념도 학습하여야 한다. 한자 쓰기는 7급에서 익혔던 150자 범위내의 한자어 중 많이 쓰이는 중요한 것은 모두 읽고 쓸 줄 알아야 한다.

시험에서 중요한 사항은 우선 출제자가 요구하는 답이 무엇인지 질문을 통해 확인하여야 한다. 기출문제를 풀어보면 알 수 있지만 대개 질문은 회차에 무관하게 각 급수별로 일정한 유형으로 정해져 있다. 따라서 기출문제를 통하여 질문에 익숙해져야 한다.

1 한자어의 讀音 문제는 대개 지문과 함께 한자어가 제시된다.

다음 밑줄 친 漢字語의 讀音을 쓰세요. (1~5)

예 | 漢字 → 한자

1 사람은 말을 할 줄 아는 動物이다.

2 그 전쟁에서 勝利하였다.

3 신랑은 禮服을 입고 나타났다.

4 오후에 아버지와 野球장에 갔다.

5 오늘 溫度가 많이 내려가 춥다.

기본적으로 한자 낱글자의 소리를 알고 있으면 답할 수 있다. 다만 두음법칙, 속음 등에 주의하면 된다. 위의 문장의 '禮服'의 경우 답안지에는 '예복'으로 적어야 한다. '례복'으로 적으면 틀린 답이 된다. '禮'는 본래 소리가 '례'이지만 국어에는 두음법칙이 있어 첫소리에 'ㄹ'이 오는 것을 꺼리므로 '예'로 하여야 한다. 물론 한자어가 '失禮'로 '禮'가 뒤에 온다면 '실례'로 정상적으로 '례'로 답하면 된다. 또 '十月'의 경우 답안지에는 '시월'로 적어야 하며, '십월'로 적으면 틀린 답이 된다. 속음이라 하여 국어에는 한국인이 소리내기 쉽게 한자음이 바뀌는 경우 등이 발생하며 이런 때는 바뀐 한자 소리를 우선하여야 한다. 이런 한자어들은 사례가 많지 않으므로 기본 지침서를 활용하여 익혀두면 된다.

2 한자의 訓(훈 : 뜻)과 音 문제는 대개 다음과 같다.

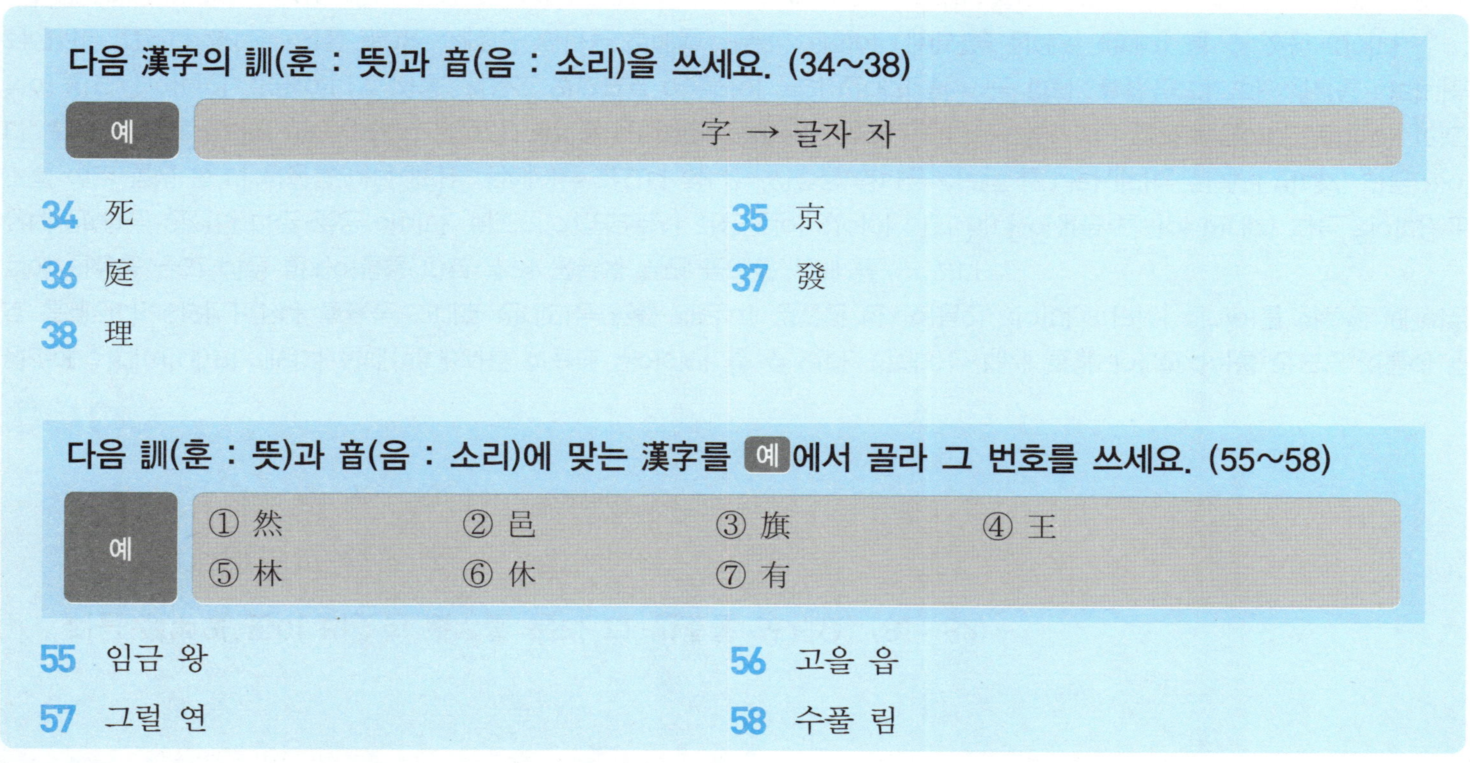

다음 漢字의 訓(훈 : 뜻)과 音(음 : 소리)을 쓰세요. (34~38)

예 字 → 글자 자

34 死 35 京

36 庭 37 發

38 理

다음 訓(훈 : 뜻)과 音(음 : 소리)에 맞는 漢字를 예에서 골라 그 번호를 쓰세요. (55~58)

예
① 然 ② 邑 ③ 旗 ④ 王
⑤ 林 ⑥ 休 ⑦ 有

55 임금 왕 56 고을 읍

57 그럴 연 58 수풀 림

유형해설

위의 訓(훈 : 뜻)과 音 문제는 한자 낱글자의 뜻과 소리를 알고 있으면 풀 수 있는 문제들이다.

3 한자의 筆順(필순 : 한자 낱글자의 쓰는 순서) 문제는 8급 · 7급과 마찬가지로 한자 낱글자의 쓰는 순서를 알고 있으면 풀 수 있다.

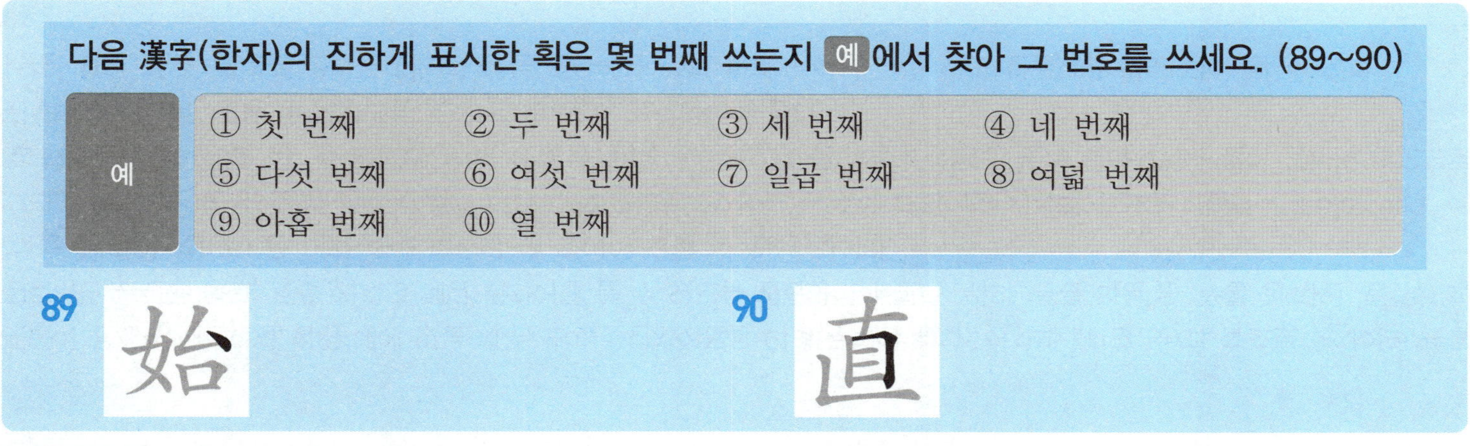

다음 漢字(한자)의 진하게 표시한 획은 몇 번째 쓰는지 예에서 찾아 그 번호를 쓰세요. (89~90)

예
① 첫 번째 ② 두 번째 ③ 세 번째 ④ 네 번째
⑤ 다섯 번째 ⑥ 여섯 번째 ⑦ 일곱 번째 ⑧ 여덟 번째
⑨ 아홉 번째 ⑩ 열 번째

89 始

90 直

유형해설

위의 문제처럼 대개 특정 획을 지정하여 몇 번째 쓰는 획인지를 물어보므로 한자 낱글자의 쓰는 순서를 평소에 익혀둔 다면 무리 없이 답할 수 있다. 참고로 획수와 번호는 서로 일치되게 하였으므로 번호를 고를 때는 해당 획수와 일치하는 번호를 고르면 된다. 예로 다섯 번째 획이면 ⑤번을 고르면 된다.

유형분석(類型分析)

4 한자어의 뜻풀이 문제는 대개 다음과 같다.

[유형 1] 다음 뜻을 가진 단어를 쓰세요. (86~87)

예 | 쉬는 날 → 휴일

86 푸른 하늘 → (　　　　)　　87 한 해의 반 → (　　　　)

[유형 2] 다음 漢字語의 알맞은 뜻을 쓰세요. (76~77)

76 道路　　77 成功

유형해설

뜻풀이 문제는 배정한자 범위 내에 있는 자주 쓰이는 한자어들을 익혀 두어야 한다. 한자의 訓(훈;뜻)과 音으로 한자어의 뜻을 짐작하는 훈련을 하고, 뜻을 가지고 해당 한자어를 쓸 수 있도록 연습하여야 한다. 위의 '푸른 하늘'은 '푸를 청'자인 '청(青)'과 '하늘 천'자인 '천(天)'을 머리 속에 떠올릴 수 있어야 답할 수 있는 것이다.

그리고 한자어는 순우리말과 풀이 순서가 다를 수 있으므로 한자어의 구조에 대하여도 기본적인 것은 학습하여 두어야 한다. 예로 成功은 보통 '이룰 성, 공 공'으로 익혀 成功을 '이룬 공' 등으로 풀이하기 쉬운데, 뜻이 달라지거나 말이 통하지 않으므로 뒤부터 풀이하여 '공을 이루다'라는 뜻이 드러나도록 표현하여야 한다.

[유형 1]의 경우, 漢字로 쓰라는 단서가 없는 경우에는 쓰기 한자가 아닐 수가 있고 한글로만 써도 답이 될 수 있다.

5 상대어(반대어), 동의어(유의어) 문제는 대개 상대(반대) 또는 같거나 비슷한 뜻을 지닌 한자를 찾아내는 형태이다.

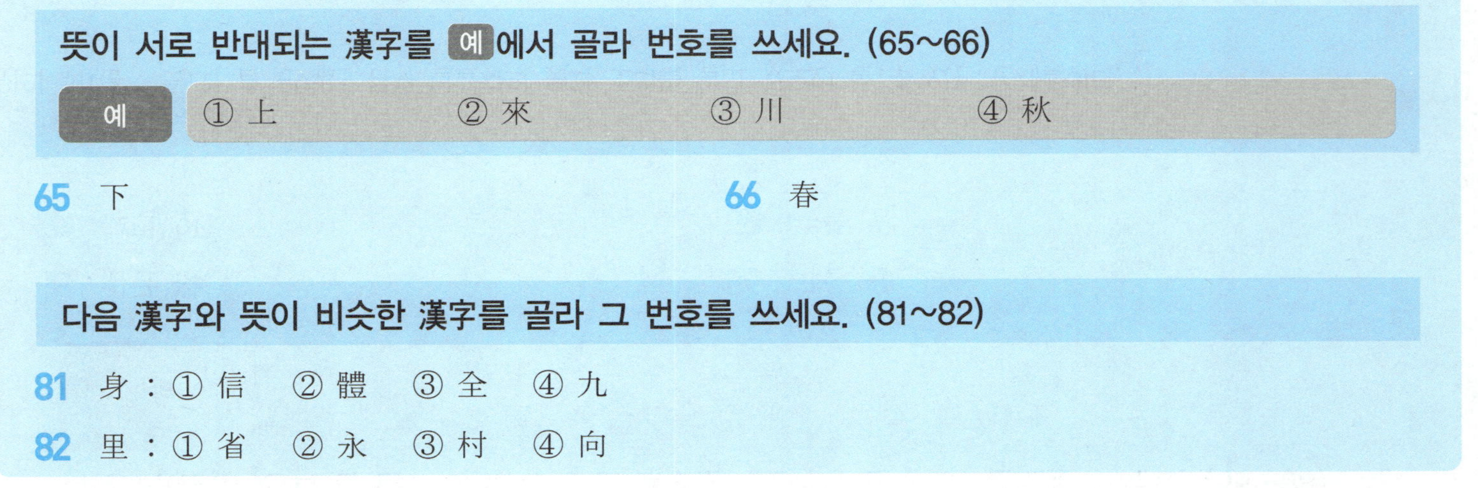

뜻이 서로 반대되는 漢字를 예에서 골라 번호를 쓰세요. (65~66)

예 | ① 上　② 來　③ 川　④ 秋

65 下　　66 春

다음 漢字와 뜻이 비슷한 漢字를 골라 그 번호를 쓰세요. (81~82)

81 身 : ① 信　② 體　③ 全　④ 九

82 里 : ① 省　② 永　③ 村　④ 向

유형해설

평소에 상대(반대)의 개념과 상대(반대)자를 학습해 두어야만 풀 수 있다. 반대자는 대개 결합되어 한자어를 만드는 것들이 주로 출제된다. 위의 上下나 春秋는 그대로 반대되는 뜻을 지닌 채 결합한 한자어들인 것이다. 따라서 한자어를 학습할 때 이런 점에 관심을 두고 이런 한자어들을 따로 추려 공부해 두면 문제를 쉽게 풀 수 있다.

상대(반대)는 완전히 다른 것은 아니다. 비교의 기준으로서 같은 점이 있어야 하고 하나 이상은 달라야 반대가 되는 것이다. 上下를 예로 들면 둘 다 방향을 나타낸다는 점에서는 같으나 하나는 위쪽을 하나는 아래쪽을 나타낸다는 점에서 반대가 되는 것이다. 春夏를 예로 든다면 반대가 되지 않는다. 계절을 나타내는 점에서는 같으나 반대가 되는 것이 없기 때문이다. 봄이 아니라고 하여 반드시 여름인 것은 아니고 가을, 겨울도 있으므로 여름만이 봄의 반대가 될 수는 없다. 春秋는 다르다. 계절을 나타내는 점에서는 같으나 하나는 씨를 뿌리는 계절을 하나는 열매를 거두는 계절이 대비되는 점에서 반대가 될 수 있는 것이다.

6급 문제부터 나오는 동의(유의)란 뜻이 같거나 비슷하다는 뜻이다. 이와 같은 한자나 한자어를 찾아낼 수 있으면 된다. 유의(동의)자는 대개 결합되어 한자어를 만드는 것들이 주로 출제된다. 위의 身體, 村里 등은 뜻이 같거나 비슷한 글자끼리 결합된 한자어인 것이다.

6 6급의 동음이의어(同音異義語) 문제는 대개 동음이의자[소리는 같고 뜻은 다른 글자]를 묻는 문제가 출제되며 한자어는 거의 출제되지 않는 경향이다.

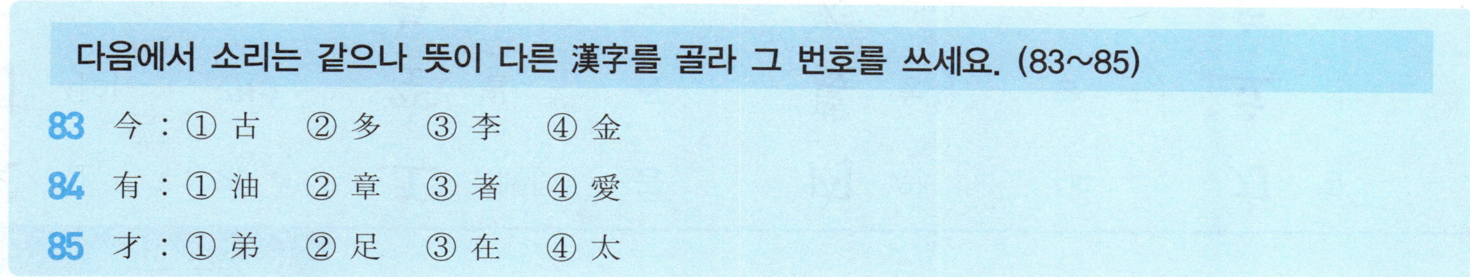

다음에서 소리는 같으나 뜻이 다른 漢字를 골라 그 번호를 쓰세요. (83~85)

83 今 : ① 古 ② 多 ③ 李 ④ 金

84 有 : ① 油 ② 章 ③ 者 ④ 愛

85 才 : ① 弟 ② 足 ③ 在 ④ 太

유형해설

이런 문제는 한자의 소리를 묻는 문제로도 볼 수 있는 것으로 기본적으로 한자의 訓(훈:뜻)과 音만 알고 있으면 쉽게 풀 수 있는 문제이다.

7 완성형 문제는 대개 사자성어 등의 한 글자 정도를 비워 놓고 채워 넣을 수 있는 지를 검정하는 문제가 출제된다.

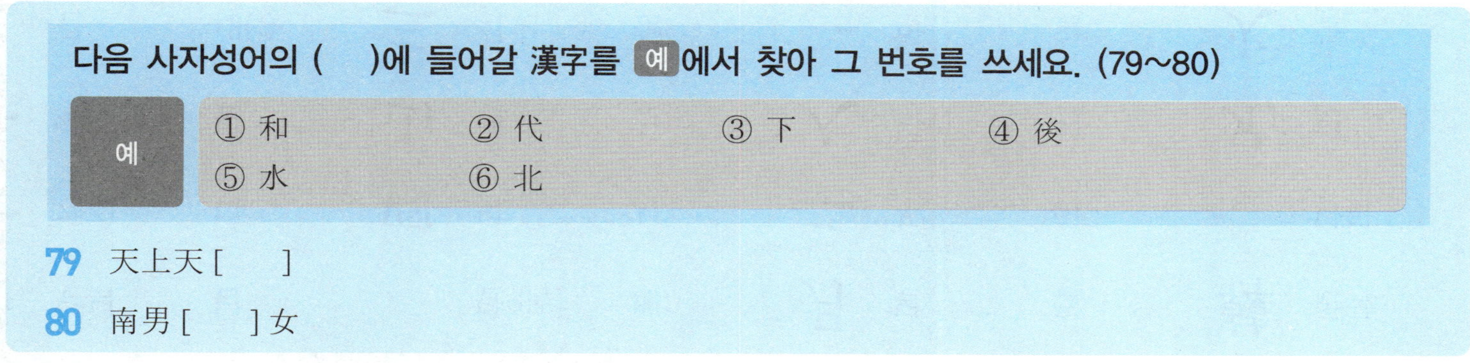

다음 사자성어의 ( )에 들어갈 漢字를 예에서 찾아 그 번호를 쓰세요. (79~80)

예	① 和	② 代	③ 下	④ 後
	⑤ 水	⑥ 北		

79 天上天[ ]

80 南男[ ]女

유형해설

배정한자 범위내의 자주 쓰이는 사자성어 등은 별도로 익혀두는 것이 좋다.

8 한자어를 쓰는 문제는 대개 맞는 한자어를 바로 머리에 떠올릴 수 있도록 지문이 주어진다.

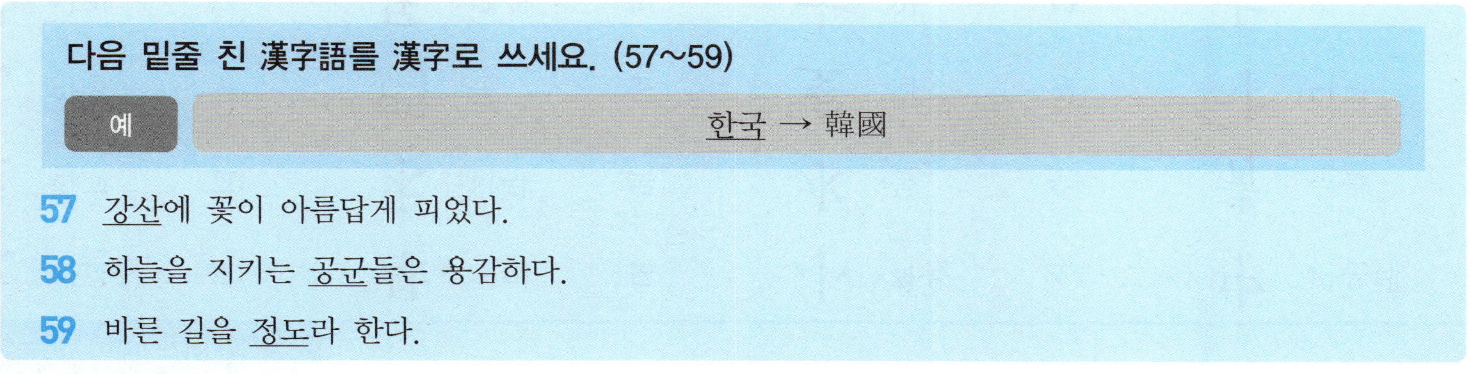

다음 밑줄 친 漢字語를 漢字로 쓰세요. (57~59)

예 <u>한국</u> → 韓國

57 <u>강산</u>에 꽃이 아름답게 피었다.

58 하늘을 지키는 <u>공군</u>들은 용감하다.

59 바른 길을 <u>정도</u>라 한다.

유형해설

한자어를 쓰는 문제는 한자 능력을 종합적으로 검정하는 문제라고 할 수 있다. 평소에 익힌 한자와 한자어를 여러 번 써 보고 뜻을 익히는 일을 게을리 하지 말아야 한다.

배정한자(配定漢字)

8급~6급(300자)

한자음 뒤에 나오는 “:”는 장음 표시입니다. “(:)”는 장단음 모두 사용되는 한자이며, “:”나 “(:)”이 없는 한자는 단음으로만 쓰입니다.

8급 배정한자(50자)

한자	훈	음	한자	훈	음	한자	훈	음	한자	훈	음
教	가르칠	교:	母	어미	모:	小	작을	소:	中	가운데	중
校	학교	교:	木	나무	목	水	물	수	青	푸를	청
九	아홉	구	門	문	문	室	집	실	寸	마디	촌:
國	나라	국	民	백성	민	十	열	십	七	일곱	칠
軍	군사	군	白	흰	백	五	다섯	오:	土	흙	토
金	쇠	금	父	아비	부	王	임금	왕	八	여덟	팔
	성(姓)	김	北	북녘	북	外	바깥	외:	學	배울	학
南	남녘	남		달아날	배:	月	달	월	韓	한국	한(:)
女	계집	녀	四	넉	사:	二	두	이:		나라	한(:)
年	해	년	山	메	산	人	사람	인	兄	형	형
大	큰	대(:)	三	석	삼	一	한	일	火	불	화(:)
東	동녘	동	生	날	생	日	날	일			
六	여섯	륙	西	서녘	서	長	긴	장(:)			
萬	일만	만:	先	먼저	선	弟	아우	제:			

☑ 8급 배정한자는 모두 50자로, 읽기 50자이며, 쓰기 배정한자는 없습니다. 가장 기초적인 한자들로 꼭 익혀 둡시다.

7급 II 배정한자(50자)

한자	훈	음	한자	훈	음	한자	훈	음	한자	훈	음
家	집	가	工	장인	공	內	안	내:	力	힘	력
間	사이	간(:)	空	빌	공	農	농사	농	立	설	립
江	강	강	氣	기운	기	答	대답	답	每	매양	매(:)
車	수레	거	記	기록할	기	道	길	도:	名	이름	명
	수레	차	男	사내	남	動	움직일	동:	物	물건	물

方	모(稜)	방	食	밥	식	全	온전	전	漢	한수	한:
不	아닐	불		먹을	식	前	앞	전		한나라	한:
事	일	사:	安	편안	안	電	번개	전:	海	바다	해:
上	윗	상:	午	낮	오:	正	바를	정(:)	話	말씀	화
姓	성	성:	右	오를	우:	足	발	족	活	살	활
世	인간	세:		오른(쪽)	우:	左	왼	좌:	孝	효도	효:
手	손	수(:)	子	아들	자	直	곧을	직	後	뒤	후:
市	저자	시:	自	스스로	자	平	평평할	평			
時	때	시	場	마당	장	下	아래	하:			

☑ 7급Ⅱ 배정한자는 모두 100자로, 8급 배정한자(50자)를 제외한 50자만을 담았습니다. 8급과 마찬가지로 쓰기 배정한자는 없습니다.

7급 배정한자(50자)

歌	노래	가	面	낯	면:	植	심을	식	住	살	주:
口	입	구(:)	命	목숨	명:	心	마음	심	重	무거울	중:
旗	기	기	問	물을	문:	語	말씀	어:	地	따	지
冬	겨울	동(:)	文	글월	문	然	그럴	연	紙	종이	지
同	한가지	동	百	일백	백	有	있을	유:	千	일천	천
洞	골	동:	夫	지아비	부	育	기를	육	天	하늘	천
	밝을	통:	算	셈	산:	邑	고을	읍	川	내	천
登	오를	등	色	빛	색	入	들	입	草	풀	초
來	올	래(:)	夕	저녁	석	字	글자	자	村	마을	촌:
老	늙을	로:	少	적을	소:	祖	할아비	조	秋	가을	추
里	마을	리:	所	바	소:	主	임금	주	春	봄	춘
林	수풀	림	數	셈	수:		주인	주	出	날(生)	출

배정한자(配定漢字)

한자	훈	음	한자	훈	음	한자	훈	음	한자	훈	음
便	편할	편(:)	夏	여름	하:	休	쉴	휴			
	똥오줌	변	花	꽃	화						

☑ 7급 배정한자는 모두 150자로, 7급Ⅱ 배정한자(100자)를 제외한 50자만을 담았습니다. 8급, 7급Ⅱ와 마찬가지로 쓰기 배정한자는 없습니다.

6급 Ⅱ 배정한자(75자)

한자	훈	음	한자	훈	음	한자	훈	음	한자	훈	음
各	각각	각		구절	두	線	줄	선	意	뜻	의:
角	뿔	각	童	아이	동(:)	雪	눈	설	作	지을	작
界	지경	계:	等	무리	등:	成	이룰	성	昨	어제	작
計	셀	계:	樂	즐길	락	省	살필	성	才	재주	재
高	높을	고		노래	악		덜	생	戰	싸움	전:
公	공평할	공		좋아할	요	消	사라질	소	庭	뜰	정
共	한가지	공:	利	이할	리:	術	재주	술	第	차례	제:
功	공(勳)	공	理	다스릴	리:	始	비로소	시:	題	제목	제
果	실과	과:	明	밝을	명	信	믿을	신:	注	부을	주:
科	과목	과	聞	들을	문(:)	新	새	신	集	모을	집
光	빛	광	半	반(半)	반:	神	귀신	신	窓	창	창
球	공	구	反	돌이킬	반:	身	몸	신	淸	맑을	청
今	이제	금		돌아올	반:	弱	약할	약	體	몸	체
急	급할	급	班	나눌	반	藥	약	약	表	겉	표
短	짧을	단(:)	發	필	발	業	업	업	風	바람	풍
堂	집	당	放	놓을	방(:)	勇	날랠	용:	幸	다행	행:
代	대신할	대:	部	떼	부	用	쓸	용:	現	나타날	현:
對	대할	대:	分	나눌	분(:)	運	옮길	운:	形	모양	형
圖	그림	도	社	모일	사	音	소리	음	和	화할	화
讀	읽을	독	書	글	서	飮	마실	음(:)	會	모일	회:

☑ 6급Ⅱ 배정한자는 모두 225자로, 7급 배정한자(150자)를 제외한 75자만을 담았습니다. 쓰기 배정한자 8급 50자입니다.

배정한자(配定漢字)

6급 배정한자(75자)

한자	훈	음
感	느낄	감:
強	강할	강(:)
開	열	개
京	서울	경
古	예	고:
苦	쓸[味覺]	고
交	사귈	교
區	구분할	구
	지경	구
郡	고을	군:
根	뿌리	근
近	가까울	근:
級	등급	급
多	많을	다
待	기다릴	대:
度	법도	도(:)
	헤아릴	탁
頭	머리	두
例	법식	례:
禮	예도	례:
路	길	로:
綠	푸를	록
李	오얏	리:
	성(姓)	리:
目	눈	목
米	쌀	미
美	아름다울	미(:)
朴	성(姓)	박
番	차례	번
別	다를	별
	나눌	별
病	병	병:
服	옷	복
本	근본	본
使	하여금	사:
	부릴	사:
死	죽을	사:
席	자리	석
石	돌	석
速	빠를	속
孫	손자	손(:)
樹	나무	수
習	익힐	습
勝	이길	승
式	법	식
失	잃을	실
愛	사랑	애(:)
夜	밤	야:
野	들(坪)	야:
洋	큰바다	양
陽	볕	양
言	말씀	언
永	길	영:
英	꽃부리	영
溫	따뜻할	온
園	동산	원
遠	멀	원:
油	기름	유
由	말미암을	유
銀	은	은
衣	옷	의
醫	의원	의
者	놈	자
章	글	장
在	있을	재:
定	정할	정:
朝	아침	조
族	겨레	족
晝	낮	주
親	친할	친
太	클	태
通	통할	통
特	특별할	특
合	합할	합
行	다닐	행(:)
	항렬	항
向	향할	향:
號	이름	호(:)
畫	그림	화:
	그을	획(劃)
黃	누를	황
訓	가르칠	훈:

☑ 6급 배정한자는 모두 300자로, 6급Ⅱ 배정한자(225자)를 제외한 75자만을 담았습니다. 쓰기 배정한자 7급 150자입니다.

사자성어(四字成語)

8급 사자성어

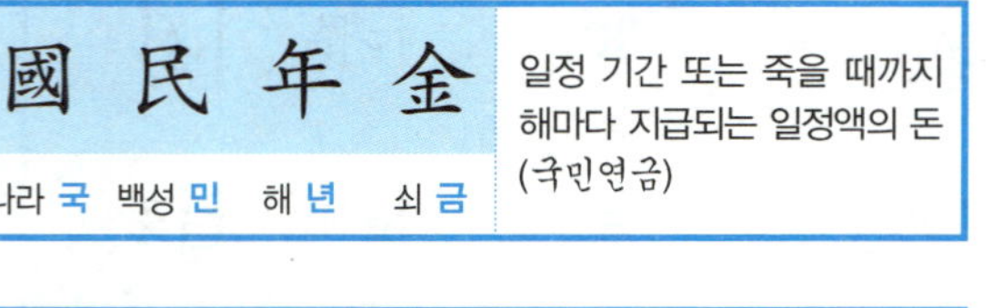

國 民 年 金 — 나라 국 백성 민 해 년 쇠 금
일정 기간 또는 죽을 때까지 해마다 지급되는 일정액의 돈(국민연금)

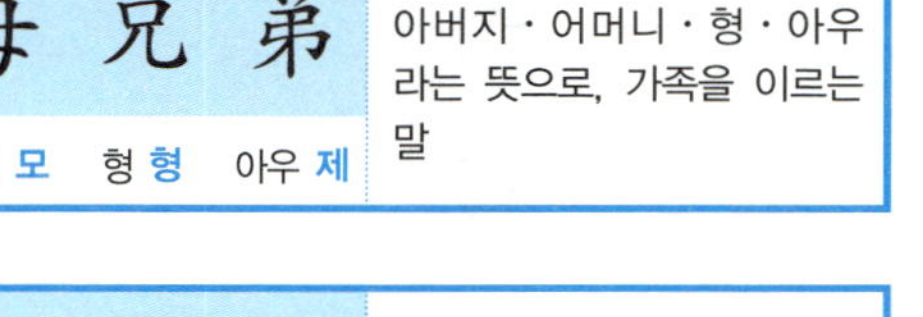

父 母 兄 弟 — 아비 부 어미 모 형 형 아우 제
아버지 · 어머니 · 형 · 아우라는 뜻으로, 가족을 이르는 말

生 年 月 日 — 날 생 해 년 달 월 날 일
태어난 해와 달과 날

大 韓 民 國 — 큰 대 한나라 한 백성 민 나라 국
우리나라의 국호(나라이름)

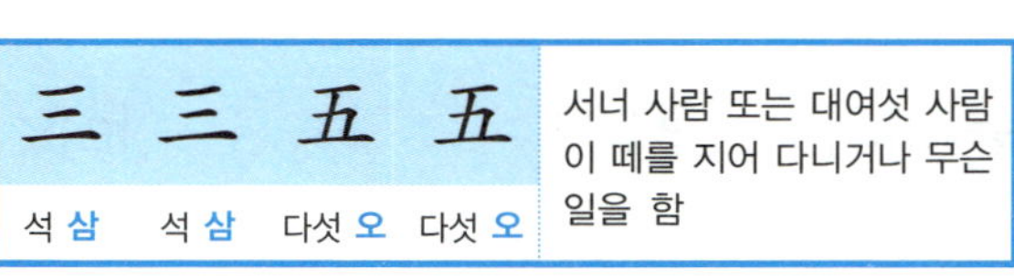

三 三 五 五 — 석 삼 석 삼 다섯 오 다섯 오
서너 사람 또는 대여섯 사람이 떼를 지어 다니거나 무슨 일을 함

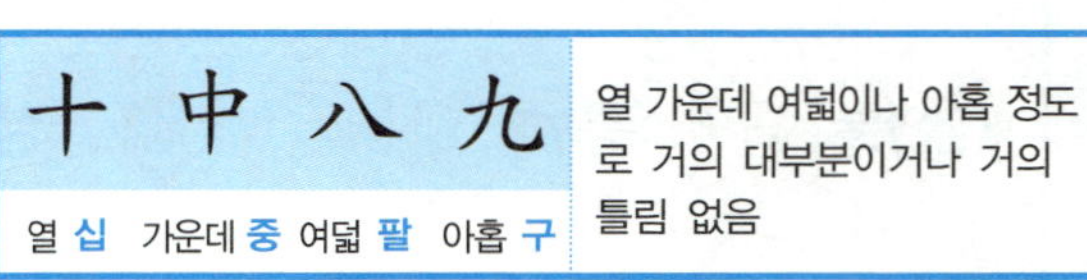

十 中 八 九 — 열 십 가운데 중 여덟 팔 아홉 구
열 가운데 여덟이나 아홉 정도로 거의 대부분이거나 거의 틀림 없음

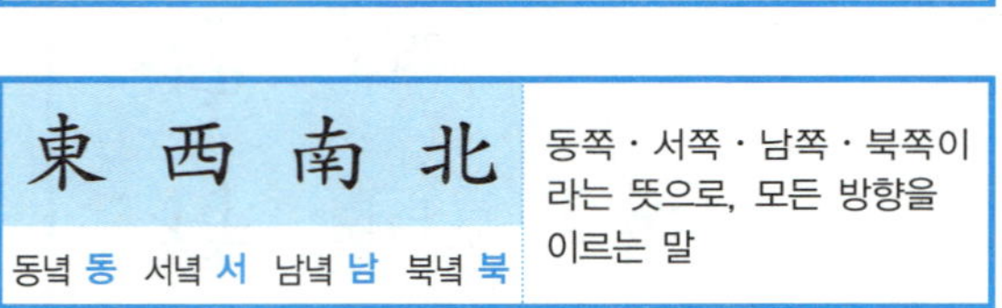

東 西 南 北 — 동녘 동 서녘 서 남녘 남 북녘 북
동쪽 · 서쪽 · 남쪽 · 북쪽이라는 뜻으로, 모든 방향을 이르는 말

7급 II 사자성어

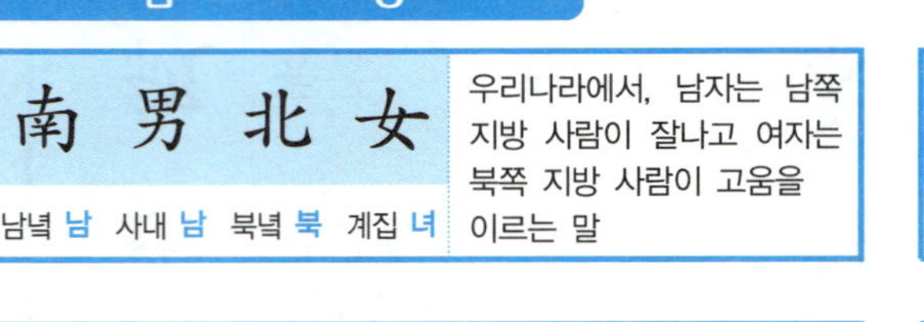

南 男 北 女 — 남녘 남 사내 남 북녘 북 계집 녀
우리나라에서, 남자는 남쪽 지방 사람이 잘나고 여자는 북쪽 지방 사람이 고움을 이르는 말

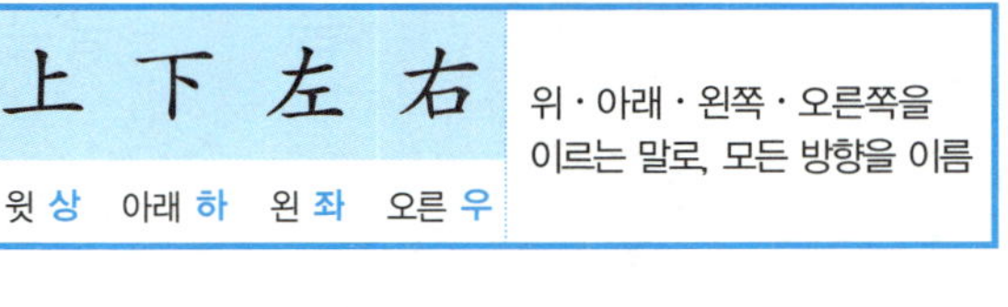

上 下 左 右 — 윗 상 아래 하 왼 좌 오른 우
위 · 아래 · 왼쪽 · 오른쪽을 이르는 말로, 모든 방향을 이름

土 木 工 事 — 흙 토 나무 목 장인 공 일 사
땅과 하천 따위를 고쳐 만드는 공사

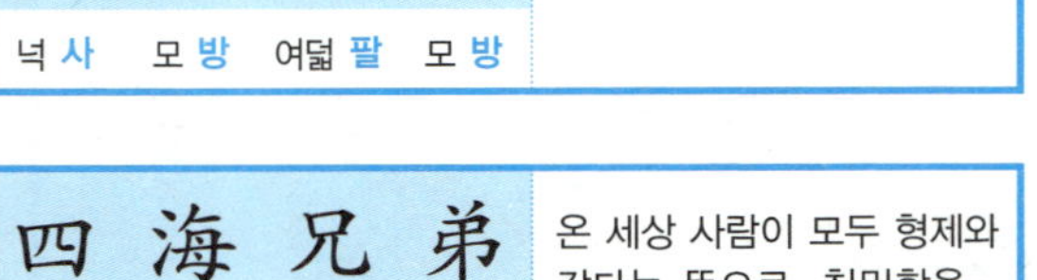

四 方 八 方 — 넉 사 모 방 여덟 팔 모 방
여기저기 모든 방향이나 방면

世 上 萬 事 — 인간 세 윗 상 일만 만 일 사
세상에서 일어나는 온갖 일

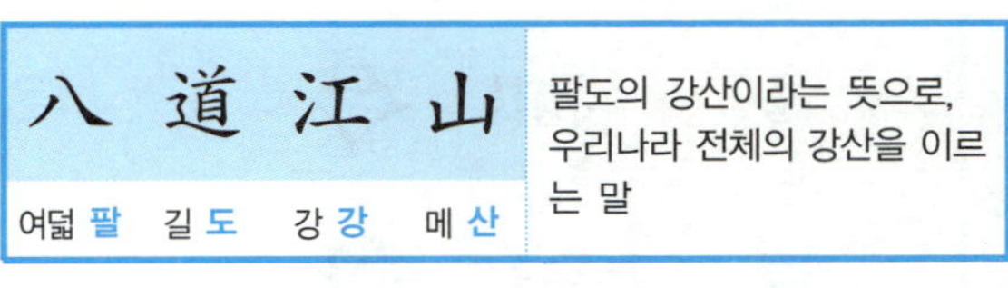

八 道 江 山 — 여덟 팔 길 도 강 강 메 산
팔도의 강산이라는 뜻으로, 우리나라 전체의 강산을 이르는 말

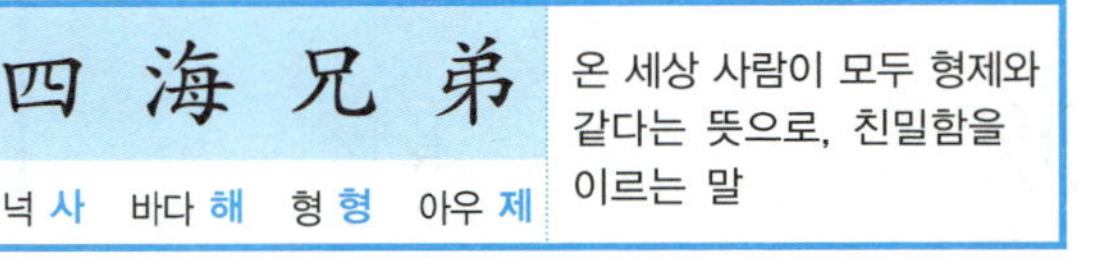

四 海 兄 弟 — 넉 사 바다 해 형 형 아우 제
온 세상 사람이 모두 형제와 같다는 뜻으로, 친밀함을 이르는 말

人 山 人 海 — 사람 인 메 산 사람 인 바다 해
사람이 수없이 많이 모인 상태를 이르는 말

7급 사자성어

男 女 老 少 — 사내 남 계집 녀 늙을 로 적을 소
남자와 여자, 나이 든 사람과 젊은 사람이란 뜻으로 모든 사람을 이르는 말 (남녀노소)

百 萬 大 軍 — 일백 백 일만 만 큰 대 군사 군
아주 많은 병사로 조직된 군대를 이르는 말

月 下 老 人 — 달 월 아래 하 늙을 로 사람 인
부부의 인연을 맺어 준다는 전설상의 노인 (월하노인)

男 中 一 色 — 사내 남 가운데 중 한 일 빛 색
남자의 얼굴이 썩 뛰어나게 잘 생김

不 老 長 生 — 아닐 불 늙을 로 긴 장 날 생
늙지 아니하고 오래 삶

二 八 青 春 — 두 이 여덟 팔 푸를 청 봄 춘
16세 무렵의 꽃다운 청춘

東 問 西 答 — 동녘 동 물을 문 서녘 서 대답 답
물음과는 전혀 상관없는 엉뚱한 대답

不 立 文 字 — 아닐 불 설 립 글월 문 글자 자
불도의 깨달음은 마음에서 마음으로 전하는 것이므로 말이나 글에 의지하지 않는다는 말

一 問 一 答 — 한 일 물을 문 한 일 대답 답
한 번 물음에 한 번 대답함

萬 里 長 天 — 일만 만 마을 리 긴 장 하늘 천
아득히 높고 먼 하늘

山 川 草 木 — 메 산 내 천 풀 초 나무 목
산과 내와 풀과 나무, 곧 자연을 이르는 말

一 日 三 秋 — 한 일 날 일 석 삼 가을 추
하루가 삼 년 같다는 뜻으로, 몹시 애태우며 기다림을 이르는 말

名 山 大 川 — 이름 명 메 산 큰 대 내 천
이름난 산과 큰 내

安 心 立 命 — 편안 안 마음 심 설 립 목숨 명
하찮은 일에 흔들리지 않는 경지(안심입명)

自 問 自 答 — 스스로 자 물을 문 스스로 자 대답 답
스스로 묻고 스스로 대답함

사자성어(四字成語)

사자성어	훈음	뜻
自生植物	스스로 자 날 생 심을 식 물건 물	산이나 들, 강이나 바다에서 저절로 나는 식물
地上天國	따 지 윗 상 하늘 천 나라 국	이 세상에서 이룩되는 다시 없이 자유롭고 풍족하며 행복한 사회
草食動物	풀 초 먹을 식 움직일 동 물건 물	풀을 주로 먹고 사는 동물
全心全力	온전 전 마음 심 온전 전 힘 력	온 마음과 온 힘
青天白日	푸를 청 하늘 천 흰 백 날 일	하늘이 맑게 갠 대낮
春夏秋冬	봄 춘 여름 하 가을 추 겨울 동	봄·여름·가을·겨울의 사계절

6급 II 사자성어

사자성어	훈음	뜻
家內工業	집 가 안 내 장인 공 업 업	집안에서 단순한 기술과 도구로써 작은 규모로 생산하는 수공업
百發百中	일백 백 필 발 일백 백 가운데 중	백 번 쏘아 백 번 맞힌다는 뜻으로, 총이나 활 따위를 쏠 때마다 겨눈 곳에 다 맞음을 이르는 말
一心同體	한 일 마음 심 한가지 동 몸 체	한마음 한 몸이라는 뜻으로, 서로 굳게 결합함을 이르는 말
家庭教育	집 가 뜰 정 가르칠 교 기를 육	가정의 일상생활 가운데 집안 어른들이 자녀들에게 주는 영향이나 가르침
四面春風	넉 사 낯 면 봄 춘 바람 풍	누구에게나 좋게 대하는 일
一日三省	한 일 날 일 석 삼 살필 성	하루에 세 가지 일로 자신을 되돌아보고 살핌
各人各色	각각 각 사람 인 각각 각 빛 색	사람마다 각기 다름
山戰水戰	메 산 싸움 전 물 수 싸움 전	세상의 온갖 고생과 어려움을 다 겪었음을 이르는 말
一長一短	한 일 긴 장 한 일 짧을 단	일면의 장점과 다른 일면의 단점을 통틀어 이르는 말
各自圖生	각각 각 스스로 자 그림 도 날 생	제각기 살아 나갈 방법을 꾀함
三十六計	석 삼 열 십 여섯 륙 셀 계	서른여섯 가지의 꾀, 많은 모계(謀計)의 이름 (삼십육계)
自手成家	스스로 자 손 수 이룰 성 집 가	물려받은 재산이 없이 자기 혼자의 힘으로 집안을 일으키고 재산을 모음
高等動物	높을 고 무리 등 움직일 동 물건 물	복잡한 체제를 갖춘 동물
世界平和	인간 세 지경 계 평평할 평 화할 화	전 세계가 평온하고 화목함
天下第一	하늘 천 아래 하 차례 제 한 일	세상에 견줄 만한 것이 없이 최고임
公明正大	공평할 공 밝을 명 바를 정 큰 대	하는 일이나 행동이 사사로움이 없이 떳떳하고 바름
時間問題	때 시 사이 간 물을 문 제목 제	이미 결과가 뻔하여 조만간 저절로 해결될 문제
清風明月	맑을 청 바람 풍 밝을 명 달 월	맑은 바람과 밝은 달
大明天地	큰 대 밝을 명 하늘 천 따 지	아주 환하게 밝은 세상
市民社會	저자 시 백성 민 모일 사 모일 회	신분적 구속에 지배되지 않으며, 자유롭고 평등한 개인의 이성적 결합으로 이루어진 사회
下等動物	아래 하 무리 등 움직일 동 물건 물	진화 정도가 낮아 몸의 구조가 단순한 원시적인 동물
門前成市	문 문 앞 전 이룰 성 저자 시	찾아오는 사람이 많아 집 문 앞이 시장을 이루다시피 함을 이르는 말
樂山樂水	좋아할 요 메 산 좋아할 요 물 수	산과 물을 좋아한다는 것으로 즉 자연을 좋아함
形形色色	모양 형 모양 형 빛 색 빛 색	상과 빛깔 따위가 서로 다른 여러 가지
百年大計	일백 백 해 년 큰 대 셀 계	먼 앞날까지 미리 내다보고 세우는 크고 중요한 계획
人事不省	사람 인 일 사 아닐 불 살필 성	제 몸에 벌어지는 일을 모를 만큼 정신을 잃은 상태
白面書生	흰 백 낯 면 글 서 날 생	한갓 글만 읽고 세상일에는 전혀 경험이 없는 사람
人海戰術	사람 인 바다 해 싸움 전 재주 술	우수한 화기보다 다수의 병력을 투입하여 적을 압도하는 전술

사자성어(四字成語)

6급 사자성어

사자성어	훈음	뜻
高速道路	높을 고 빠를 속 길 도 길 로	차의 빠른 통행을 위하여 만든 차전용의 도로
百戰百勝	일백 백 싸움 전 일백 백 이길 승	싸울 때마다 다 이김
一朝一夕	한 일 아침 조 한 일 저녁 석	하루 아침과 하루 저녁이라는 뜻으로, 짧은 시일을 이르는 말
交通信號	사귈 교 통할 통 믿을 신 이름 호	교차로나 횡단보도, 건널목 따위에서 사람이나 차량이 질서 있게 길을 가도록 하는 기호나 등화(燈火)
別有天地	다를 별 있을 유 하늘 천 따 지	별세계, 딴 세상
子孫萬代	아들 자 손자 손 일만 만 대신 대	오래도록 내려오는 여러 대
九死一生	아홉 구 죽을 사 한 일 날 생	아홉 번 죽을 뻔하다 한 번 살아난다는 뜻으로, 죽을 고비를 여러 차례 넘기고 겨우 살아남을 이르는 말
不遠千里	아닐 불 멀 원 일천 천 마을 리	천리를 멀다 여기지 아니함
自由自在	스스로 자 말미암을 유 스스로 자 있을 재	거침없이 자기 마음대로 할 수 있음
男女有別	사내 남 계집 녀 있을 유 다를 별	남자와 여자 사이에 분별이 있어야 함을 이르는 말
父子有親	아비 부 아들 자 있을 유 친할 친	아버지와 아들 사이의 도리는 친애에 있음을 이름
作心三日	지을 작 마음 심 석 삼 날 일	단단히 먹은 마음이 사흘이 가지 못한다는 뜻으로, 결심이 굳지 못함을 이르는 말
代代孫孫	대신 대 대신 대 손자 손 손자 손	오래도록 내려오는 여러 대
生老病死	날 생 늙을 로 병 병 죽을 사	사람이 나고 늙고 병들고 죽는 네 가지 고통
電光石火	번개 전 빛 광 돌 석 불 화	번갯불이나 부싯돌의 불이 번쩍거리는 것과 같이 매우 짧은 시간이나 매우 재빠른 움직임 따위를 비유적으로 이르는 말
同苦同樂	한가지 동 쓸 고 한가지 동 즐거울 락	괴로움과 즐거움을 함께 함
生死苦樂	날 생 죽을 사 쓸 고 즐거울 락	삶과 죽음, 괴로움과 즐거움을 통틀어 이르는 말
晝夜長川	낮 주 밤 야 긴 장 내 천	밤낮으로 쉬지 아니하고 연달아
同生共死	한가지 동 날 생 한가지 공 죽을 사	서로 같이 살고 같이 죽음
新聞記者	새 신 들을 문 기록할 기 놈 자	신문에 실을 자료를 수집, 취재, 집필, 편집하는 사람
千萬多幸	일천 천 일만 만 많을 다 다행 행	아주 다행함
東西古今	동녘 동 서녘 서 예 고 이제 금	동양과 서양, 옛날과 지금을 통틀어 이르는 말
愛國愛族	사랑 애 나라 국 사랑 애 겨레 족	나라와 민족을 아낌
草綠同色	풀 초 푸를 록 한가지 동 빛 색	이름이 다르나 따지고 보면 한 가지 것이라는 말
同姓同本	한가지 동 성 성 한가지 동 근본 본	성(姓)과 본관이 모두 같음
野生動物	들 야 날 생 움직일 동 물건 물	산이나 들에서 저절로 나서 자라는 동물
特別活動	특별할 특 다를 별 살 활 움직일 동	학교 교육 과정에서 교과 학습 이외의 교육활동
同時多發	한가지 동 때 시 많을 다 필 발	연이어 일이 발생함
年中行事	해 년 가운데 중 다닐 행 일 사	해마다 일정한 시기를 정하여 놓고 하는 행사 (연중행사)
八方美人	여덟 팔 모 방 아름다울 미 사람 인	어느 모로 보나 아름다운 사람이라는 뜻으로, 여러 방면에 능통한 사람
萬國信號	일만 만 나라 국 믿을 신 이름 호	배와 배 사이 또는 배와 육지 사이의 연락을 위하여 국제적으로 쓰는 신호
英才敎育	꽃부리 영 재주 재 가르칠 교 기를 육	천재아의 재능을 훌륭하게 발전시키기 위한 특수교육
行方不明	다닐 행 모 방 아닐 불 밝을 명	간 곳이나 방향을 모름
百萬長者	일백 백 일만 만 긴 장 놈 자	재산이 매우 많은 사람 또는 아주 큰 부자
人命在天	사람 인 목숨 명 있을 재 하늘 천	사람의 목숨은 하늘에 달려 있다는 말
花朝月夕	꽃 화 아침 조 달 월 저녁 석	꽃 피는 아침과 달 밝은 밤이라는 뜻으로, 경치가 좋은 시절을 이르는 말
白衣民族	흰 백 옷 의 백성 민 겨레 족	흰옷을 입은 민족이라는 뜻으로, '한민족'을 이르는 말
一口二言	한 일 입 구 두 이 말씀 언	한 입으로 두 말을 한다는 뜻으로, 한 가지 일에 대하여 말을 이랬다 저랬다 함을 이르는 말
訓民正音	가르칠 훈 백성 민 바를 정 소리 음	백성을 가르치는 바른 소리라는 뜻으로, 1443년에 세종대왕이 창제한 우리나라 글자를 이르는 말

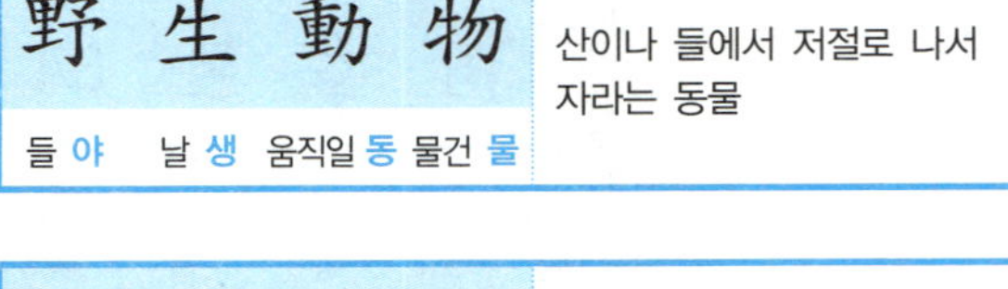
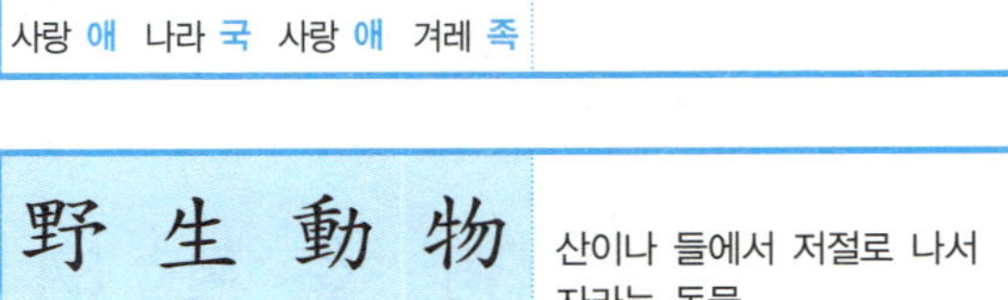
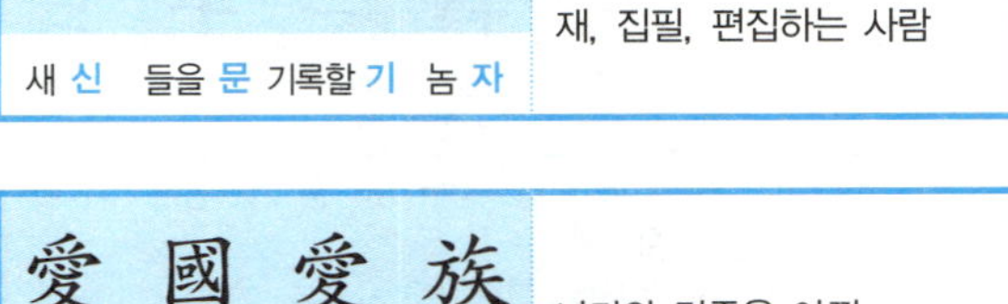

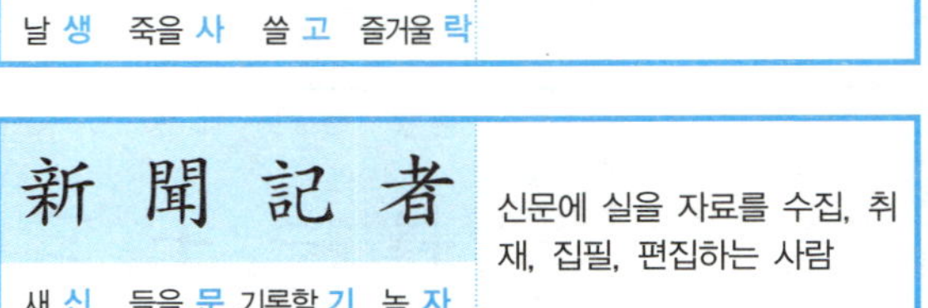
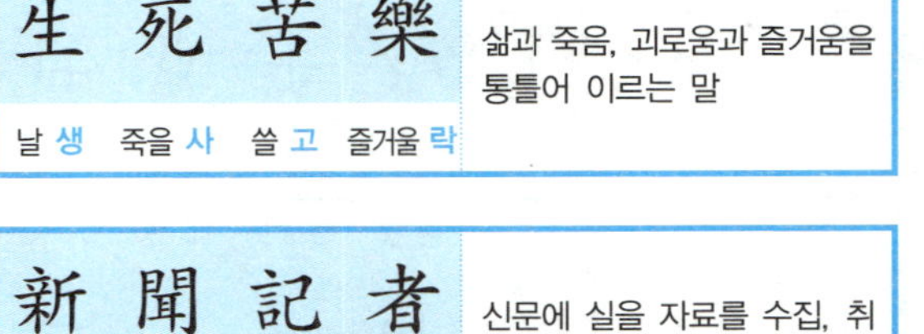
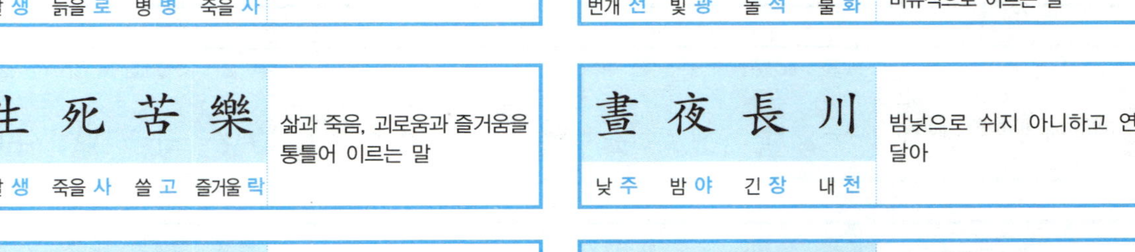
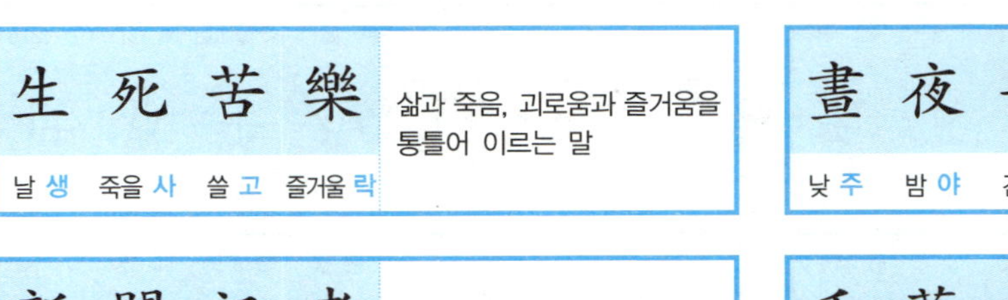
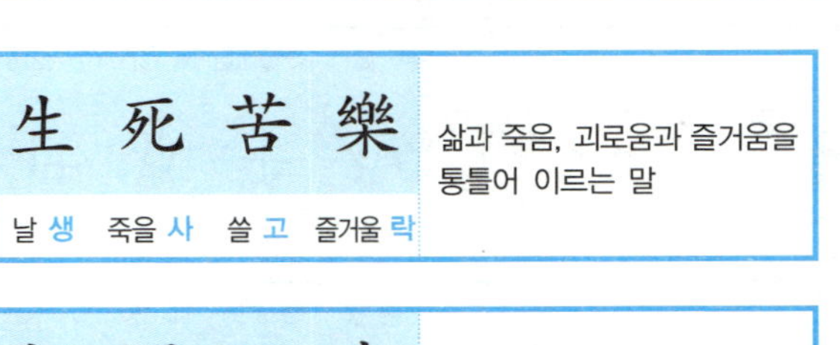
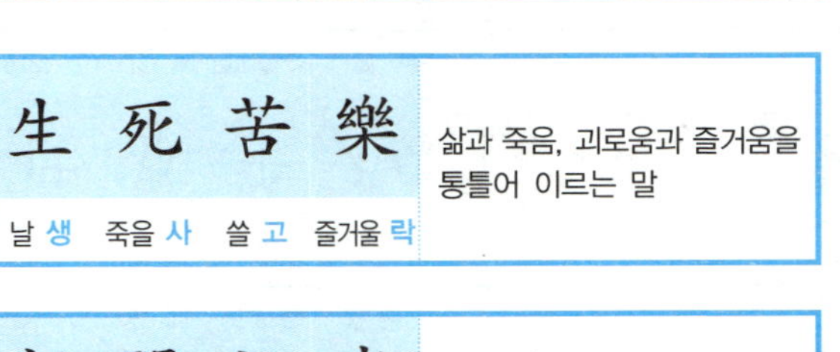
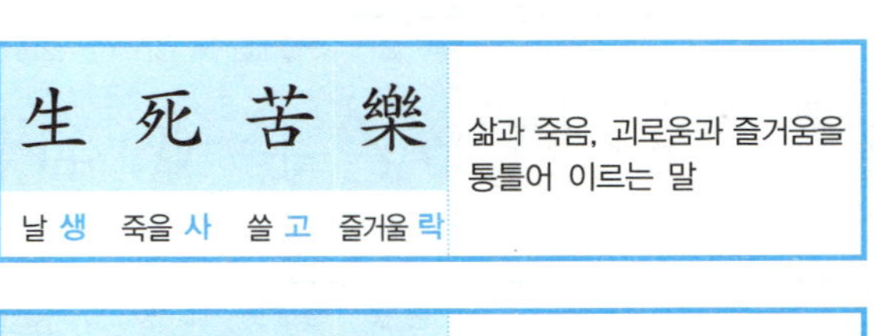

반대자(反對字) – 뜻이 반대되는 한자(漢字)

한자	급수		한자	급수
江(강)	7급Ⅱ	↔	山(산)	8급
強(강)	6급	↔	弱(약)	6급Ⅱ
古(고)	6급	↔	今(금)	6급Ⅱ
苦(고)	6급	↔	樂(락)	6급Ⅱ
高(고)	6급Ⅱ	↔	下(하)	7급Ⅱ
教(교)	8급	↔	習(습)	6급
教(교)	8급	↔	學(학)	8급
今(금)	6급Ⅱ	↔	古(고)	6급
男(남)	7급Ⅱ	↔	女(녀)	8급
南(남)	8급	↔	北(북)	8급
內(내)	7급Ⅱ	↔	外(외)	8급
老(노)	7급	↔	少(소)	7급
多(다)	6급	↔	少(소)	7급
短(단)	6급Ⅱ	↔	長(장)	8급
大(대)	8급	↔	小(소)	8급
東(동)	8급	↔	西(서)	8급
冬(동)	7급	↔	夏(하)	7급
母(모)	8급	↔	子(자)	7급Ⅱ
問(문)	7급	↔	答(답)	7급Ⅱ
物(물)	7급Ⅱ	↔	心(심)	7급
父(부)	8급	↔	母(모)	8급
父(부)	8급	↔	子(자)	7급Ⅱ
北(북)	8급	↔	南(남)	8급
分(분)	6급Ⅱ	↔	合(합)	6급
死(사)	6급	↔	生(생)	8급
死(사)	6급	↔	活(활)	7급Ⅱ
山(산)	8급	↔	海(해)	7급Ⅱ
上(상)	7급Ⅱ	↔	下(하)	7급Ⅱ
生(생)	8급	↔	死(사)	6급
先(선)	8급	↔	後(후)	7급Ⅱ
手(수)	7급Ⅱ	↔	足(족)	7급Ⅱ
水(수)	8급	↔	火(화)	8급
新(신)	6급Ⅱ	↔	古(고)	6급
身(신)	6급Ⅱ	↔	心(심)	7급
心(심)	7급	↔	身(신)	6급Ⅱ
心(심)	7급	↔	體(체)	6급Ⅱ
言(언)	6급	↔	文(문)	7급
言(언)	6급	↔	行(행)	6급
右(우)	7급Ⅱ	↔	左(좌)	7급Ⅱ
遠(원)	6급	↔	近(근)	6급
月(월)	8급	↔	日(일)	8급
日(일)	8급	↔	月(월)	8급
入(입)	7급	↔	出(출)	7급
子(자)	7급Ⅱ	↔	女(녀)	8급
子(자)	7급Ⅱ	↔	母(모)	8급
昨(작)	6급Ⅱ	↔	今(금)	6급Ⅱ
長(장)	8급	↔	短(단)	6급Ⅱ
前(전)	7급Ⅱ	↔	後(후)	7급Ⅱ
正(정)	7급Ⅱ	↔	反(반)	6급Ⅱ
弟(제)	8급	↔	兄(형)	8급
朝(조)	6급	↔	夕(석)	7급
祖(조)	7급	↔	孫(손)	6급
朝(조)	6급	↔	野(야)	6급
左(좌)	7급Ⅱ	↔	右(우)	7급Ⅱ

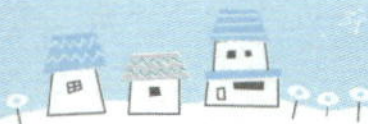

반대자(反對字) – 뜻이 반대되는 한자(漢字)

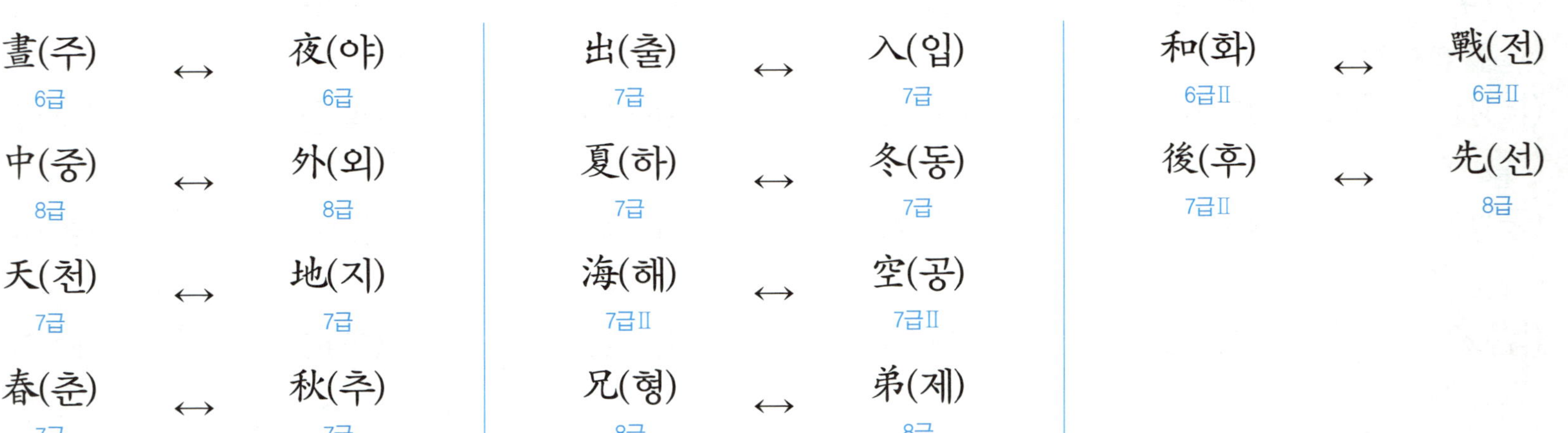

晝(주) 6급	↔	夜(야) 6급	出(출) 7급	↔	入(입) 7급	和(화) 6급Ⅱ	↔	戰(전) 6급Ⅱ
中(중) 8급	↔	外(외) 8급	夏(하) 7급	↔	冬(동) 7급	後(후) 7급Ⅱ	↔	先(선) 8급
天(천) 7급	↔	地(지) 7급	海(해) 7급Ⅱ	↔	空(공) 7급Ⅱ			
春(춘) 7급	↔	秋(추) 7급	兄(형) 8급	↔	弟(제) 8급			

반대어(反對語) – 뜻이 반대되는 한자어(漢字語)

遠洋(원양) 6급 6급	↔	近海(근해) 6급 7급Ⅱ	訓讀(훈독) 6급 6급Ⅱ	↔	音讀(음독) 6급Ⅱ 6급Ⅱ

유의자(類義字) – 뜻이 비슷한 한자(漢字)

家(가) 7급Ⅱ _ 室(실) 8급
歌(가) 7급 _ 樂(악) 6급Ⅱ
計(계) 6급Ⅱ _ 算(산) 7급
計(계) 6급Ⅱ _ 數(수) 7급
共(공) 6급Ⅱ _ 同(동) 7급
工(공) 7급Ⅱ _ 作(작) 6급Ⅱ
科(과) 6급Ⅱ _ 目(목) 6급
光(광) 6급Ⅱ _ 明(명) 6급Ⅱ
光(광) 6급Ⅱ _ 色(색) 7급
教(교) 8급 _ 訓(훈) 6급
區(구) 6급 _ 別(별) 6급
區(구) 6급 _ 分(분) 6급Ⅱ
郡(군) 6급 _ 邑(읍) 7급
根(근) 6급 _ 本(본) 6급
急(급) 6급Ⅱ _ 速(속) 6급
綠(녹) 6급 _ 青(청) 8급
堂(당) 6급Ⅱ _ 室(실) 8급
道(도) 7급Ⅱ _ 路(로) 6급
道(도) 7급Ⅱ _ 理(리) 6급Ⅱ

圖(도) 6급Ⅱ _ 畫(화) 6급
同(동) 7급 _ 等(등) 6급Ⅱ
洞(동) 7급 _ 里(리) 7급
同(동) 7급 _ 一(일) 8급
等(등) 6급Ⅱ _ 級(급) 6급
明(명) 6급Ⅱ _ 光(광) 6급Ⅱ
明(명) 6급Ⅱ _ 白(백) 8급
名(명) 7급Ⅱ _ 號(호) 6급
文(문) 7급 _ 書(서) 6급Ⅱ
文(문) 7급 _ 章(장) 6급
方(방) 7급Ⅱ _ 道(도) 7급Ⅱ
方(방) 7급Ⅱ _ 正(정) 7급Ⅱ
番(번) 6급 _ 第(제) 6급Ⅱ
本(본) 6급 _ 根(근) 6급
分(분) 6급Ⅱ _ 區(구) 6급
分(분) 6급Ⅱ _ 別(별) 6급
事(사) 7급Ⅱ _ 業(업) 6급Ⅱ
社(사) 6급Ⅱ _ 會(회) 6급Ⅱ
算(산) 7급 _ 數(수) 7급

生(생) 8급 _ 出(출) 7급
生(생) 8급 _ 活(활) 7급Ⅱ
世(세) 7급Ⅱ _ 界(계) 6급Ⅱ
世(세) 7급Ⅱ _ 代(대) 6급Ⅱ
樹(수) 6급 _ 林(림) 7급
樹(수) 6급 _ 木(목) 8급
習(습) 6급 _ 學(학) 8급
式(식) 6급 _ 例(례) 6급
身(신) 6급Ⅱ _ 體(체) 6급Ⅱ
室(실) 8급 _ 家(가) 7급Ⅱ
樂(악) 6급Ⅱ _ 歌(가) 7급
安(안) 7급Ⅱ _ 全(전) 7급Ⅱ
安(안) 7급Ⅱ _ 平(평) 7급Ⅱ
言(언) 6급 _ 語(어) 7급
業(업) 6급Ⅱ _ 事(사) 7급Ⅱ
永(영) 6급 _ 遠(원) 6급
英(영) 6급 _ 特(특) 6급
例(예) 6급 _ 式(식) 6급
運(운) 6급Ⅱ _ 動(동) 7급Ⅱ

유의자(類義字) – 뜻이 비슷한 한자(漢字)

衣(의) 6급	_	服(복) 6급	村(촌) 7급	_	里(리) 7급	海(해) 7급Ⅱ	_	洋(양) 6급
一(일) 8급	_	同(동) 7급	出(출) 7급	_	生(생) 8급	行(행) 6급	_	動(동) 7급Ⅱ
才(재) 6급Ⅱ	_	術(술) 6급Ⅱ	土(토) 8급	_	地(지) 7급	形(형) 6급Ⅱ	_	式(식) 6급
正(정) 7급Ⅱ	_	方(방) 7급Ⅱ	洞(통) 7급	_	通(통) 6급	畫(화) 6급	_	圖(도) 6급Ⅱ
正(정) 7급Ⅱ	_	直(직) 7급Ⅱ	便(편) 7급	_	安(안) 7급Ⅱ	話(화) 7급Ⅱ	_	言(언) 6급
題(제) 6급Ⅱ	_	目(목) 6급	平(평) 7급Ⅱ	_	等(등) 6급Ⅱ	和(화) 6급Ⅱ	_	平(평) 7급Ⅱ
集(집) 6급Ⅱ	_	會(회) 6급Ⅱ	平(평) 7급Ⅱ	_	安(안) 7급Ⅱ	會(회) 6급Ⅱ	_	社(사) 6급Ⅱ
青(청) 8급	_	綠(록) 6급	平(평) 7급Ⅱ	_	和(화) 6급Ⅱ	會(회) 6급Ⅱ	_	集(집) 6급Ⅱ
體(체) 6급Ⅱ	_	身(신) 6급Ⅱ	學(학) 8급	_	習(습) 6급	訓(훈) 6급	_	敎(교) 8급

유의어(類義語) – 뜻이 비슷한 한자어(漢字語)

部門(부문) 6급Ⅱ 8급	_	分野(분야) 6급Ⅱ 6급	不老草(불로초) 7급Ⅱ 7급 7급	_	不死藥(불사약) 7급Ⅱ 6급 6급Ⅱ

약자(略字)

정자	훈음		약자	급수
區	구분할/지경 구	–	区	6급
國	나라 국	–	国	8급
氣	기운 기	–	気	7급Ⅱ
對	대할 대:	–	対	6급Ⅱ
圖	그림 도	–	図	6급Ⅱ
讀	읽을 독 구절 두	–	読	6급Ⅱ
樂	즐길 락 노래 악 좋아할 요	–	楽	6급Ⅱ
來	올 래(:)	–	来	7급
禮	예도 례:	–	礼	6급
萬	일만 만:	–	万	8급
發	필 발	–	発	6급Ⅱ
數	셈 수:	–	数	7급
藥	약 약	–	薬	6급Ⅱ
溫	따뜻할 온	–	温	6급
遠	멀 원:	–	逺	6급
醫	의원 의	–	医	6급
者	놈 자	–	者	6급
戰	싸움 전:	–	战, 戦	6급Ⅱ
定	정할 정:	–	㝎	6급
晝	낮 주	–	昼	6급
體	몸 체	–	体	6급Ⅱ
學	배울 학	–	学	8급
號	이름 호(:)	–	号	6급
畫	그림 화: 그을 획(劃)	–	画	6급
會	모일 회:	–	会	6급Ⅱ

한자능력검정시험

6급 예상문제 (1회~9회)

- 예상문제(1회~9회)
- 정답(64p~66p)

➔ 본 예상문제는 수험생들의 기억에 의하여 재생된 기출문제를 토대로 분석하고 연구하여 만든 문제입니다.

제1회 (社) 한국어문회 주관 · 한국한자능력검정회 시행 한자능력검정시험 6급 예상문제

문 항 수 : 90문항
합격문항 : 63문항
제한시간 : 50분

01 다음 밑줄 친 漢字語의 讀音을 쓰세요. (1~33)

보기 漢字 → 한자

1 農家의 수가 점점 줄어든다. [ ]
2 그는 每事에 빈틈이 없다. [ ]
3 환경이 急速도로 오염되어 간다. [ ]
4 公共의 이익을 도모한다. [ ]
5 短命한 천재들이 많다고 한다. [ ]
6 各自 맡은 일에 충실하자. [ ]
7 風聞에 의하면 그가 중이 되었다고 한다. [ ]
8 보는 角度에 따라 모양이 다르다. [ ]
9 그가 班長으로 선출되었다. [ ]
10 正答을 맞히는 일이 힘들다. [ ]
11 합격자가 發表되었다. [ ]
12 工科대학에 입학했다. [ ]
13 색깔을 區別하기가 힘들었다. [ ]
14 한약을 服用하고 나서 건강해졌다. [ ]
15 어려운 일의 해결에 한 가닥 光明이 비친다. [ ]
16 햇볕의 기운을 陽氣라고 한다. [ ]
17 도적의 頭目은 눈이 부리부리하였다. [ ]
18 海洋을 감시하는 위성을 발사하였다. [ ]
19 童心으로 돌아가기란 쉬운 일이 아니다. [ ]
20 物理학은 어려운 학문이다. [ ]
21 그는 病弱하여 자주 결석을 한다. [ ]
22 기계로 作業을 하니 일이 쉬워졌다. [ ]
23 그는 우수한 部下 직원들을 많이 거느리고 있다. [ ]
24 線路를 다시 고치는 공사가 한창이다. [ ]
25 큰 비에 다리가 消失되었다. [ ]
26 광산에서 火藥이 폭발하였다. [ ]
27 호남平野에선 쌀이 많이 난다. [ ]
28 시베리아에 天然가스가 많다. [ ]
29 결승전에서 우리 팀이 勝利했다. [ ]
30 形式이 아주 새로운 작품이다. [ ]
31 가족들의 幸運을 빌었다. [ ]
32 그는 育英 사업에 많은 돈을 투자했다. [ ]
33 과거 보다는 現在가 더 귀중하다. [ ]

02 다음 漢字의 訓과 音을 쓰세요. (34~55)

보기 字 → 글자 자

34 登 [ ] 35 禮 [ ]
36 待 [ ] 37 動 [ ]
38 方 [ ] 39 果 [ ]
40 使 [ ] 41 由 [ ]
42 間 [ ] 43 球 [ ]
44 新 [ ] 45 場 [ ]
46 注 [ ] 47 功 [ ]
48 集 [ ] 49 番 [ ]
50 始 [ ] 51 根 [ ]
52 記 [ ] 53 愛 [ ]
54 安 [ ] 55 黃 [ ]

03 다음 밑줄 친 漢字語를 漢字로 쓰세요. (56~75)

보기 한국 → 韓國

56 공군은 하늘을 지킨다. [ ]
57 날이 어두워짐과 동시에 눈이 내렸다. [ ]
58 제자가 스승보다 낫다. [ ]

59 <u>시내</u>에 많은 사람들이 몰려 나왔다. [ ]

60 <u>수면</u> 위로 붉은 노을이 떠올랐다. [ ]

61 우리 집은 <u>식구</u>가 열 명이나 된다. [ ]

62 그는 <u>소읍</u>(작은 고을)에서 태어났다. [ ]

63 <u>오색</u>이 찬란하게 빛난다. [ ]

64 세계 여러 곳에 영국의 <u>식민지</u>가 있었다. [ ]

65 <u>세상</u>에서 가장 아름다운 꽃 [ ]

66 그 집안에서 <u>유명</u>한 학자들이 많이 나왔다. [ ]

67 항상 <u>수족</u>을 따뜻이 해야 합니다. [ ]

68 <u>인부</u>들이 짐을 나르고 있다. [ ]

69 <u>오후</u>에 놀이동산에 갔다. [ ]

70 <u>전화</u>번호가 바뀌었다. [ ]

71 <u>왕실</u>의 법도는 엄격했다. [ ]

72 <u>생전</u>에 재산을 많이 모았다. [ ]

73 인구가 사<u>천만</u>이 넘는다. [ ]

74 <u>대문</u>을 열고 주인이 나왔다. [ ]

75 그는 국회 <u>출입</u> 기자다. [ ]

04 다음 漢字의 반의자(反義字) 또는 상대자(相對字)를 골라 그 번호를 쓰세요. (76~78)

76 江 : ① 川 ② 山 ③ 美 ④ 信 [ ]

77 今 : ① 向 ② 代 ③ 金 ④ 昨 [ ]

78 冬 : ① 夏 ② 村 ③ 體 ④ 休 [ ]

05 다음 ( )에 알맞은 漢字를 〈보기〉에서 찾아 그 번호를 쓰세요. (79~81)

보기 ① 永 ② 春 ③ 男 ④ 計

79 二八靑( ) : 16세 무렵의 꽃다운 청춘

80 南( )北女 : 남자는 남쪽 지방 사람이 잘나고 여자는 북쪽 지방 사람이 곱다.

81 三十六( ) : 서른여섯 가지의 꾀

06 다음 漢字와 뜻이 비슷한 漢字를 골라 그 번호를 쓰세요. (82~83)

82 算 : ① 才 ② 祖 ③ 親 ④ 數 [ ]

83 學 : ① 淸 ② 習 ③ 寸 ④ 庭 [ ]

07 다음 중 소리는 같으나 뜻이 다른 漢字를 골라 그 번호를 쓰세요. (84~85)

84 省 : ① 術 ② 身 ③ 姓 ④ 言 [ ]

85 意 : ① 飮 ② 衣 ③ 銀 ④ 油 [ ]

08 다음 뜻을 가진 단어를 漢字로 쓰세요. (86~87)

보기 국민이 쓰는 말 – (國語)

86 (직립) : 똑바로 섬, 수직 [ ]

87 (화초) : 꽃이 피는 풀과 나무 [ ]

09 다음 漢字의 짙게 표시한 획은 몇 번째 쓰는 획인지 〈보기〉에서 찾아 그 번호를 쓰세요. (88~90)

보기

① 첫 번째	② 두 번째
③ 세 번째	④ 네 번째
⑤ 다섯 번째	⑥ 여섯 번째
⑦ 일곱 번째	⑧ 여덟 번째
⑨ 아홉 번째	⑩ 열 번째
⑪ 열한 번째	⑫ 열두 번째

88 活 [ ]

89 園 [ ]

90 雪 [ ]

수험번호 □□□-□□-□□□□□ 성명 □□□□□

생년월일 □□□□□□

※ 유성 싸인펜, 붉은색 필기구 사용 불가.

※ 답안지는 컴퓨터로 처리되므로 구기거나 더럽히지 마시고, 정답 칸 안에만 쓰십시오. 글씨가 채점란으로 들어오면 오답처리가 됩니다.

제 회 전국한자능력검정시험 6급 답안지(1) (시험시간 50분)

답 안 란		채점란		답 안 란		채점란		답 안 란		채점란	
번호	정답	1검	2검	번호	정답	1검	2검	번호	정답	1검	2검
1				15				29			
2				16				30			
3				17				31			
4				18				32			
5				19				33			
6				20				34			
7				21				35			
8				22				36			
9				23				37			
10				24				38			
11				25				39			
12				26				40			
13				27				41			
14				28				42			

감독위원	채점위원(1)		채점위원(2)		채점위원(3)	
(서명)	(득점)	(서명)	(득점)	(서명)	(득점)	(서명)

※ 뒷면으로 이어짐

※ 답안지는 컴퓨터로 처리되므로 구기거나 더럽히지 마시고, 정답 칸 안에만 쓰십시오. 글씨가 채점란으로 들어오면 오답처리가 됩니다.

제 회 전국한자능력검정시험 6급 답안지(2)

답 안 란		채점란		답 안 란		채점란		답 안 란		채점란	
번호	정답	1검	2검	번호	정답	1검	2검	번호	정답	1검	2검
43				59				75			
44				60				76			
45				61				77			
46				62				78			
47				63				79			
48				64				80			
49				65				81			
50				66				82			
51				67				83			
52				68				84			
53				69				85			
54				70				86			
55				71				87			
56				72				88			
57				73				89			
58				74				90			

제2회

(社) 한국어문회 주관 · 한국한자능력검정회 시행

한자능력검정시험 6급 예상문제

문 항 수 : 90문항
합격문항 : 63문항
제한시간 : 50분

01 다음 밑줄 친 漢字語의 讀音을 쓰세요. (1~33)

보기 漢字 → 한자

1 빗으로 等分하여 하나씩 가졌다. [ ]
2 올 겨울은 特別이 눈이 많이 왔다. [ ]
3 새로운 길이 開通되었다. [ ]
4 本部에서 명령이 내려 왔다. [ ]
5 날씨가 추워 感氣 걸리기 쉽다. [ ]
6 番號표를 받고 기다렸다. [ ]
7 왕은 世間의 비난을 많이 받았다. [ ]
8 放心하여 고기를 놓쳤다. [ ]
9 적이 白旗를 들고 항복했다. [ ]
10 자선 事業에 기부하는 분들이 많다. [ ]
11 백합, 다알리아 등은 球根 식물이다. [ ]
12 지방에 따라 서로 다른 風習들이 있다. [ ]
13 成功한 사람들은 부지런하다. [ ]
14 기계를 作動하는 법을 열심히 배운다. [ ]
15 어찌할 道理가 없다. [ ]
16 急速히 비가 내려 길에 물이 찼다. [ ]
17 用例 사전을 보고 쓰는 법을 알게 되었다. [ ]
18 수학 科目에 뛰어난 성적을 얻었다. [ ]
19 항시 線路를 정비해야 한다. [ ]
20 신하로서 使命을 다하기 위해 힘썼다. [ ]
21 勝者는 겸손해야 한다. [ ]
22 아침 일찍 新聞을 읽는다. [ ]
23 5월 9일은 發明의 날이다. [ ]
24 우리나라는 삼면이 海洋으로 에워싸고 있다. [ ]
25 親族끼리 모여 사는 곳이 있다. [ ]
26 평화로운 家庭에서 자랐다. [ ]
27 祖上을 섬기는 일을 게을리 하지 않는다. [ ]
28 書面으로 질의를 했다. [ ]
29 산불로 나무들이 消失되었다. [ ]
30 모든 일은 自信있게 해야 한다. [ ]
31 石油 값이 자꾸 오른다. [ ]
32 번화한 場所에는 가게들이 많다. [ ]
33 愛重히 여기는 물건을 잘 보관한다. [ ]

02 다음 漢字의 訓과 音을 쓰세요. (34~55)

보기 國 → 나라 국

34 待 [ ]	35 黃 [ ]
36 美 [ ]	37 席 [ ]
38 雪 [ ]	39 交 [ ]
40 孫 [ ]	41 病 [ ]
42 太 [ ]	43 省 [ ]
44 樹 [ ]	45 表 [ ]
46 光 [ ]	47 術 [ ]
48 登 [ ]	49 區 [ ]
50 式 [ ]	51 野 [ ]
52 窓 [ ]	53 向 [ ]
54 由 [ ]	55 戰 [ ]

03 다음 밑줄 친 漢字語의 漢字를 쓰세요. (56~75)

보기 국어 → 國語

56 전화번호가 생각나지 않는다. [ ]
57 평생교육을 받아야 좋은 인재가 된다. [ ]
58 공중에 비행기가 떴다. [ ]

59 새로 지은 아파트에 입주했다. [ ]

60 우리 집 식구는 다섯이다. [ ]

61 입방미터는 세제곱 미터이다. [ ]

62 농토에 비료를 준다. [ ]

63 영국은 많은 식민지를 가지고 있었다. [ ]

64 형이 돌아옴과 동시에 아우도 돌아왔다. [ ]

65 훌륭한 분이 시장으로 선출되었다. [ ]

66 편안한 마음으로 결과를 기다린다. [ ]

67 좋은 사람을 물색하기가 어렵다. [ ]

68 시베리아에는 천연 자원이 풍부하다. [ ]

69 정원에 백화가 만발하였다. [ ]

70 매일 아침 6시에 일어난다. [ ]

71 그 집 주인은 서울 사람이다. [ ]

72 산수 시험에 백점을 받았다. [ ]

73 정오의 햇볕이 뜨겁다. [ ]

74 산천초목이 아름답다. [ ]

75 일부러 불효하는 분은 없을 것이다. [ ]

04 다음 漢字의 반의자(反義字) 또는 상대자(相對字)를 골라 그 번호를 쓰세요. (76~78)

76 苦 : ① 古 ② 果 ③ 代 ④ 樂 [ ]

77 冬 : ① 里 ② 夏 ③ 注 ④ 村 [ ]

78 近 : ① 遠 ② 邑 ③ 運 ④ 溫 [ ]

05 다음 ( )에 알맞은 漢字를 〈보기〉에서 찾아 그 번호를 쓰세요. (79~81)

보기				
	① 公	② 洞	③ 後	④ 軍
	⑤ 夕	⑥ 計	⑦ 共	⑧ 幸

79 三十六( )

80 前( )左右

81 一朝一( )

06 다음 漢字와 뜻이 비슷한 漢字를 골라 그 번호를 쓰세요. (82~83)

82 體 : ① 寸 ② 身 ③ 現 ④ 育 [ ]

83 綠 : ① 活 ② 青 ③ 形 ④ 和 [ ]

07 다음 중 소리(音)는 같으나 뜻(訓)이 다른 漢字를 골라 그 번호를 쓰세요. (84~85)

84 醫 : ① 服 ② 衣 ③ 門 ④ 朴 [ ]

85 半 : ① 米 ② 名 ③ 班 ④ 園 [ ]

08 다음 뜻과 소리를 가진 단어를 漢字로 쓰세요. (86~87)

보기	봄과 가을(춘추) – (春秋)

86 아버지와 딸 (부녀) [ ]

87 안팎 (내외) [ ]

09 다음 漢字의 짙게 표시한 획은 몇 번째 쓰는 획인지 〈보기〉에서 찾아 그 번호를 쓰세요. (88~90)

보기		
	① 첫 번째	② 두 번째
	③ 세 번째	④ 네 번째
	⑤ 다섯 번째	⑥ 여섯 번째
	⑦ 일곱 번째	⑧ 여덟 번째
	⑨ 아홉 번째	⑩ 열 번째

88 頭 [ ]

89 童 [ ]

90 夜 [ ]

수험번호 □□□-□□-□□□□□ 성명 □□□□□

생년월일 □□□□□□

※ 유성 싸인펜, 붉은색 필기구 사용 불가.

※ 답안지는 컴퓨터로 처리되므로 구기거나 더럽히지 마시고, 정답 칸 안에만 쓰십시오. 글씨가 채점란으로 들어오면 오답처리가 됩니다.

제 회 전국한자능력검정시험 6급 답안지(1) (시험시간 50분)

답 안 란		채점란		답 안 란		채점란		답 안 란		채점란	
번호	정답	1검	2검	번호	정답	1검	2검	번호	정답	1검	2검
1				15				29			
2				16				30			
3				17				31			
4				18				32			
5				19				33			
6				20				34			
7				21				35			
8				22				36			
9				23				37			
10				24				38			
11				25				39			
12				26				40			
13				27				41			
14				28				42			

감독위원	채점위원(1)		채점위원(2)		채점위원(3)	
(서명)	(득점)	(서명)	(득점)	(서명)	(득점)	(서명)

※ 뒷면으로 이어짐

사단법인 한국어문회 · 한국한자능력검정회　　20 . (　). (　).　　6 0 2

※ 답안지는 컴퓨터로 처리되므로 구기거나 더럽히지 마시고, 정답 칸 안에만 쓰십시오. 글씨가 채점란으로 들어오면 오답처리가 됩니다.

제　　회 전국한자능력검정시험 6급 답안지(2)

답 안 란		채점란		답 안 란		채점란		답 안 란		채점란	
번호	정답	1검	2검	번호	정답	1검	2검	번호	정답	1검	2검
43				59				75			
44				60				76			
45				61				77			
46				62				78			
47				63				79			
48				64				80			
49				65				81			
50				66				82			
51				67				83			
52				68				84			
53				69				85			
54				70				86			
55				71				87			
56				72				88			
57				73				89			
58				74				90			

제3회 (社) 한국어문회 주관 · 한국한자능력검정회 시행 한자능력검정시험 6급 예상문제

문 항 수 : 90문항
합격문항 : 63문항
제한시간 : 50분

01 다음 밑줄 친 漢字語의 讀音을 쓰세요. (1~33)

보기 | 漢字 → 한자

1 道路 공사 때문에 길이 막힌다. [ ]

2 用例를 보여주면 단어의 뜻을 명확하게 알 수 있다. [ ]

3 교장 선생님께서 웃어른을 공경하라고 訓話하셨다. [ ]

4 많이 다치지 않아서 多幸이다. [ ]

5 우리에게는 表現의 자유가 있습니다. [ ]

6 콜레라는 일단 發病되면 무섭게 전염되는 병이다. [ ]

7 악기를 연주할 때는 強弱을 잘 조절해야 한다. [ ]

8 우리는 서로 마주칠 때 目禮만 나누는 사이이다. [ ]

9 이번 선거의 결과가 정치의 風向을 결정할 것이다. [ ]

10 분위기가 산만해서 集中이 되지 않는다. [ ]

11 만약 지구의 重力이 없다면 어떻게 될까? [ ]

12 이번 주는 그야말로 光速으로 지나간 것 같다. [ ]

13 그들은 서로 親交를 맺은 지 오래 되었다. [ ]

14 우리는 昨今의 현실을 개탄하면서 성명서를 냅니다. [ ]

15 그는 根本이 좋은 사람이다. [ ]

16 요즘은 야구에서는 주로 연예인이 始球를 한다. [ ]

17 두 팀은 對等한 경기를 펼쳤다. [ ]

18 졸업할 때 후배에게 校服을 물려주었다. [ ]

19 庭園 가꾸는 게 제 취미입니다. [ ]

20 그는 開放적 성격의 소유자다. [ ]

21 전화 番號를 적어 주세요. [ ]

22 대통령의 불참으로 총리가 선언문을 代讀하였다. [ ]

23 窓門을 활짝 열고 환기를 시켜야겠다. [ ]

24 그는 몸을 直角으로 굽혀 인사를 했다. [ ]

25 그들은 이제 自由의 몸이다. [ ]

26 폭설로 인해 모든 시내버스가 運行을 중지하였다. [ ]

27 그는 어렸을 때 神童 소리를 듣던 사람이다. [ ]

28 옛 선비들은 이득보다는 名分을 중시하였다. [ ]

29 注入식 교육의 문제점에 대해 이야기해 봅시다. [ ]

30 이것은 우리가 함께 풀어야 할 共通 과제이다. [ ]

31 特別히 어디가 아픈 건 아니지만 기운이 없습니다. [ ]

32 우리는 서로 같은 피를 나눈 同族이다. [ ]

33 이 문제를 하루속히 풀어야 한다는 공감대가 形成되었다. [ ]

02 다음 漢字의 訓과 음을 쓰세요. (34~55)

보기 | 字 → 글자 자

34 民 [ ] 35 綠 [ ]

36 短 [ ] 37 感 [ ]

38 頭 [ ] 39 老 [ ]
40 林 [ ] 41 消 [ ]
42 習 [ ] 43 待 [ ]
44 記 [ ] 45 命 [ ]
46 苦 [ ] 47 勝 [ ]
48 樹 [ ] 49 線 [ ]
50 意 [ ] 51 後 [ ]
52 登 [ ] 53 席 [ ]
54 京 [ ] 55 高 [ ]

03 다음 밑줄 친 漢字語를 漢字로 쓰세요. (56~75)

보기 | 한국 → 韓國

56 그는 휴일마다 등산을 간다. [ ]
57 아이를 데리고 동물원에 다녀왔다. [ ]
58 전시 공간이 조금 협소합니다. [ ]
59 1,500자 내외로 답을 하시오. [ ]
60 10년이면 강산도 변한다. [ ]
61 이 약수는 식수로 적합하다는 판정을 받았다. [ ]
62 누가 보아도 그들은 부자지간이다. [ ]
63 왕은 신하들을 자신의 수족처럼 여겼다. [ ]
64 회의는 오전 열 시부터입니다. [ ]
65 편안하게 주무셨습니까? [ ]
66 내일 만날 장소를 정합시다. [ ]
67 흰 눈이 온 세상을 덮었다. [ ]
68 포구를 막아선 바위가 천연적인 방파제 구실을 한다. [ ]
69 그는 추석을 쇠러 시골집으로 내려갔다. [ ]
70 낙뢰로 인해 도시 전체의 전기 공급이 중단되었다. [ ]
71 우리나라는 삼면이 바다로 둘러싸여 있는 반도이다. [ ]
72 내가 무슨 생색을 내려고 도와준 건 아니다. [ ]
73 군인들이 군가에 맞추어 행진을 한다. [ ]
74 그는 온실에 온갖 화초를 심어 놓았다. [ ]
75 그는 좋은 환경에서 좋은 선생님께 교육을 받았다. [ ]

04 다음 漢字의 반대 또는 상대 되는 글자를 골라 그 번호를 쓰세요. (76~78)

76 晝 : ① 夜 ② 堂 ③ 功 ④ 每 [ ]
77 男 : ① 界 ② 班 ③ 女 ④ 雪 [ ]
78 活 : ① 算 ② 度 ③ 死 ④ 急 [ ]

05 다음 ( )에 알맞은 漢字를 〈보기〉에서 찾아 그 번호를 쓰세요. (79~81)

보기 | ① 計 ② 答 ③ 樂 ④ 事 ⑤ 先 ⑥ 術

79 東問西( ) : 물음과는 전혀 상관없는 엉뚱한 대답.
80 百年大( ) : 먼 앞날까지 미리 내다보고 세우는 크고 중요한 계획.
81 人( )不省: 제 몸에 벌어지는 일을 모를 만큼 정신을 잃은 상태.

06 다음 漢字와 뜻이 비슷한 漢字를 골라 그 번호를 쓰세요. (82~83)

82 邑 : ① 勇 ② 郡 ③ 植 ④ 失 [ ]
83 圖 : ① 畫 ② 飮 ③ 旗 ④ 銀 [ ]

07 다음 중 소리는 같으나 뜻이 다른 漢字를 골라 그 번호를 쓰세요. (84~85)

84 部 : ① 永 ② 朝 ③ 祖 ④ 夫 [ ]
85 章 : ① 醫 ② 在 ③ 長 ④ 黃 [ ]

08 다음 漢字語의 뜻을 풀이하세요. (86~87)

86 體溫 :

87 心身 :

09 다음 漢字의 짙게 표시한 획은 몇 번째 쓰는 획인지 〈보기〉에서 찾아 그 번호를 쓰세요. (88~90)

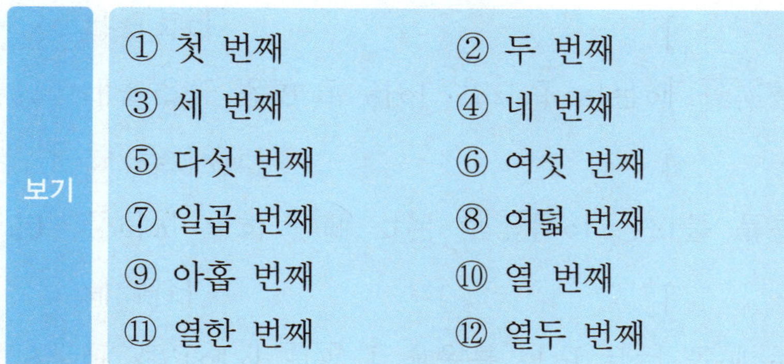

보기

① 첫 번째	② 두 번째
③ 세 번째	④ 네 번째
⑤ 다섯 번째	⑥ 여섯 번째
⑦ 일곱 번째	⑧ 여덟 번째
⑨ 아홉 번째	⑩ 열 번째
⑪ 열한 번째	⑫ 열두 번째

88 紙 [　　]

89 家 [　　]

90 地 [　　]

제4회 한자능력검정시험 6급 예상문제

(社) 한국어문회 주관 · 한국한자능력검정회 시행

문 항 수 : 90문항
합격문항 : 63문항
제한시간 : 50분

01 다음 밑줄 친 漢字語의 讀音을 쓰세요. (1~33)

보기: 世上 → 세상

1 한국 청소년들의 身長은 과거보다 많이 커졌다. [ ]

2 인사는 만나는 사람과 親近하게 만들어 준다. [ ]

3 여름에는 나뭇잎들이 綠色으로 짙어진다. [ ]

4 편지를 보낼 때는 주소의 番地를 틀리지 않게 적어야 한다. [ ]

5 油畫로 그린 그림들은 세월이 지나도 잘 변색되지 않는다. [ ]

6 사과와 배 같은 과일들은 모양이 球形으로 생겼다. [ ]

7 맛있는 과일들이 果樹園에서 무럭무럭 자라고 있다. [ ]

8 오늘 아침에 우리 반은 운동장에 集合하여 체조를 하였다. [ ]

9 한 집단에서 有別난 행동을 하면 남의 눈에 띄게 된다. [ ]

10 올림픽 개회식 때 각국 旗手들이 국기를 받들고 앞장섰다. [ ]

11 대통령은 중요한 일이 생기면 외국에 特使를 파견한다. [ ]

12 예전에 선비들은 草堂에서 열심히 공부하였다. [ ]

13 공부는 너무 等數에 집착하지 말고 즐겁게 하면 된다. [ ]

14 요즘 도시에서는 電光판에 뉴스가 자막으로 중계된다. [ ]

15 우리 팀은 後半전에 열심히 뛰어 역전승을 거두었다. [ ]

16 모든 일은 術數를 부리기보다는 성실하게 하는 것이 낫다. [ ]

17 무당이 되려는 사람들은 거의 모두가 神病을 앓는다. [ ]

18 지난 일을 反省하고 좀 더 나은 내일을 만들어 나가겠다. [ ]

19 計算 착오로 비행기 시간을 놓쳤다. [ ]

20 藥用 식물은 실험을 거쳐서 사람이 먹게 된다. [ ]

21 그 사람은 의협심을 發動하여 위험에 빠진 사람을 구하였다. [ ]

22 오늘 朝會 시간에 전 직원들이 늦지 않게 다 참석하였다. [ ]

23 친구와 通話는 용건만 간단히 말하고 끝내는 것이 좋다. [ ]

24 남보다 늦게 始作하는 후발 업체들은 더 열심히 해야 한다. [ ]

25 요즈음에는 한국인들도 洋服이 편리하여 많이 입는다. [ ]

26 양쪽 팀은 서로 強力하게 맞섰다. [ ]

27 우리 한민족은 永遠히 발전해 나가야 한다. [ ]

28 弱體로 예상되었던 팀이 경기를 할수록 강해지고 있다. [ ]

29 회의가 성립되려면 회칙에서 정한 定足數를 채워야 한다. [ ]

30 나라를 위해 싸우다 戰死한 분들의 유족은 보호해야 한다. [ ]

31 효는 인륜의 根本이다. [ ]

32 글쓴이는 讀者의 수준을 고려하여 글을 써야 한다. [ ]

33 서포 金萬重 선생은 소설 ≪구운몽≫을 지으셨다. [ ]

02 다음 漢字의 訓과 音을 쓰세요. (34~55)

보기	大 → 큰 대

34	感 [ ]	35	開 [ ]
36	醫 [ ]	37	飮 [ ]
38	族 [ ]	39	區 [ ]
40	郡 [ ]	41	短 [ ]
42	放 [ ]	43	圖 [ ]
44	信 [ ]	45	頭 [ ]
46	號 [ ]	47	禮 [ ]
48	路 [ ]	49	陽 [ ]
50	班 [ ]	51	愛 [ ]
52	童 [ ]	53	科 [ ]
54	勝 [ ]	55	線 [ ]

03 다음 밑줄 친 漢字語를 漢字로 쓰세요. (56~75)

56 지난 <u>추석</u> 때는 고향에 가서 할아버지를 뵈었다. [ ]

57 <u>시간</u>을 낭비하지 않는 것이 인생을 길게 사는 길이다. [ ]

58 자동차 운전에서 가장 중요한 것은 <u>안전</u>이다. [ ]

59 아버지는 <u>연로</u>하셔서 긴 여행을 하시기 어렵다. [ ]

60 날마다 <u>일기</u>를 쓰는 것은 좋은 습관이다. [ ]

61 <u>교육</u>은 백년 앞을 내다보고 잘 계획해야 한다. [ ]

62 도시에서 먹는 음식물의 재료 대부분은 <u>농촌</u>에서 생산된다. [ ]

63 어머니는 직장에 나가지 않고 <u>가사</u>에만 전념하신다. [ ]

64 부모님의 <u>심기</u>를 어지럽히는 일은 하지 말아야 한다. [ ]

65 그 음악가는 <u>장내</u>의 관객들에게 박수를 받았다. [ ]

66 우리 동네 <u>주민</u>들은 주말에 벼룩시장을 연다. [ ]

67 왕자는 <u>선왕</u>의 뜻을 받들기로 결심하였다. [ ]

68 오늘 신문 <u>지면</u>은 큰 기부를 한 미담이 돋보였다. [ ]

69 인간은 <u>자연</u>을 보호하고 자연은 인간을 보호한다. [ ]

70 <u>소식</u>하는 것이 건강에 좋다고 한다. [ ]

71 나는 해마다 <u>식목일</u>에 산에 가서 나무를 심는다. [ ]

72 <u>동해</u>는 바다가 깊고 물이 깨끗하여 좋은 해수욕장이 많다. [ ]

73 우리 학교의 <u>교화</u>는 동백꽃이다. [ ]

74 <u>활화산</u>은 언제 터질지 모르므로 조심해야 한다. [ ]

75 <u>오뉴월</u>은 일 년 중 날씨가 가장 좋은 때이다. [ ]

04 다음 漢字와 뜻이 서로 대립 또는 반대 되는 漢字를 골라 그 번호를 쓰세요. (76~78)

76 分 : ① 第 ② 各 ③ 合 ④ 銀 [ ]

77 祖 : ① 子 ② 父 ③ 母 ④ 孫 [ ]

78 共 : ① 同 ② 別 ③ 冬 ④ 每 [ ]

05 다음 ( )에 알맞은 漢字를 〈보기〉에서 찾아 그 번호를 쓰세요. (79~81)

보기				
	① 庭	② 向	③ 靑	④ 樂
	⑤ 溫	⑥ 淸	⑦ 待	⑧ 成

79 <u>( )風明月</u> : 맑은 바람과 밝은 달.

80 <u>生死苦( )</u> : 살고 죽는 일과 괴롭고 즐거운 일.

81 門前(　　)市 : 찾아오는 사람으로 집 문 앞이 시장을 이룸.

06 다음 漢字와 뜻이 비슷한 漢字를 골라 그 번호를 쓰세요. (82~83)

82 急 : ① 速 ② 級 ③ 來 ④ 直 [　　]

83 言 : ① 口 ② 意 ③ 名 ④ 語 [　　]

07 다음 중 소리(音)는 같으나 뜻(訓)이 다른 漢字를 골라 그 번호를 쓰세요. (84~85)

84 室 : ① 式 ② 姓 ③ 失 ④ 外 [　　]

85 公 : ① 窓 ② 京 ③ 黃 ④ 空 [　　]

08 다음 漢字語의 뜻을 풀이하세요. (86~87)

86 幸運 :

87 學習 :

09 다음 漢字의 짙게 표시한 획은 몇 번째 쓰는 획인지 〈보기〉에서 찾아 그 번호를 쓰세요. (88~90)

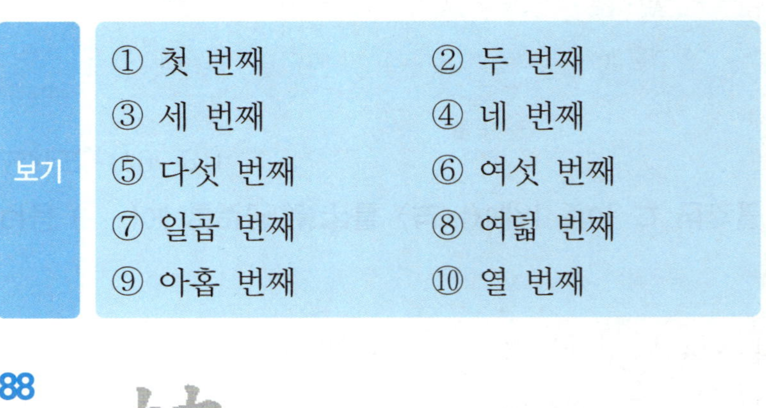

보기		
	① 첫 번째	② 두 번째
	③ 세 번째	④ 네 번째
	⑤ 다섯 번째	⑥ 여섯 번째
	⑦ 일곱 번째	⑧ 여덟 번째
	⑨ 아홉 번째	⑩ 열 번째

88 韓 [　　]

89 問 [　　]

90 圖 [　　]

제5회 (社) 한국어문회 주관 · 한국한자능력검정회 시행 한자능력검정시험 6급 예상문제

문 항 수 : 90문항
합격문항 : 63문항
제한시간 : 50분

01 다음 밑줄 친 漢字語의 讀音을 쓰세요. (1~33)

보기 世上 → 세상

1 모름지기 정치가란 국민의 衣食住를 해결해 줘야 하는 것이다. [ ]

2 행복한 家庭을 이루기 위해서는 부모, 자식 모두 노력을 해야 한다. [ ]

3 겨울 北風에 온몸을 잔뜩 웅크렸다. [ ]

4 우리 민족은 단군을 始祖로 모시고 있다. [ ]

5 요즘 대부분의 가정은 부엌의 형태가 다 재래식에서 西洋식으로 바뀌었다. [ ]

6 그는 축구를 잘하지만, 本業은 글 쓰는 작가이다. [ ]

7 연락을 받자마자 공항으로 急行하였다. [ ]

8 口頭로 발표할 때는 특히 발음에 신경을 써라. [ ]

9 그는 사장의 눈치를 보랴 運身의 폭이 넓지 않았다. [ ]

10 인생에서 마지막에 웃는 자가 진정한 勝者라 할 수 있다. [ ]

11 어릴 때부터 童話와 동요에 많이 노출된 사람은 악해질 가능성이 적다. [ ]

12 사람은 누구나 長短점이 있게 마련이다. [ ]

13 선생님의 은혜에 대한 答禮로 무슨 선물을 보낼까 고민 중이다. [ ]

14 우리 엄마는 성격이 내성적이고 우리 아빠는 성격이 外向적이다. [ ]

15 지상樂園이 따로 있나 행복한 우리집이 천국이지. [ ]

16 나는 그녀를 보는 순간 혹시 우리 엄마가 아닐까 直感할 수 있었다. [ ]

17 한국팀은 상대팀의 약점을 集中 공략하여 4대 0으로 대승을 거두었다. [ ]

18 내 친구는 男女共學에 다니는 것을 자랑하고 다닌다. [ ]

19 그는 선생이 무서워서 用便이 마려워도 참을 수밖에 없었다. [ ]

20 국가는 국민들이 자신의 생각을 表出할 수 있도록 사상의 자유를 보장해 주어야 한다. [ ]

21 우리팀은 분명 弱體임에도 불구하고 정신력 하나로 승리를 거머쥘 수 있었다. [ ]

22 오래간만에 초등학교 同窓 녀석이 전화를 걸어 왔다. [ ]

23 다음 시험에서 이 문제가 헛갈릴 수 있으니 注意하시기 바랍니다. [ ]

24 그는 野生동물처럼 사나웠다. [ ]

25 지금까지의 설명을 다음과 같은 圖式으로 간단히 나타낼 수 있다. [ ]

26 그 남자가 갑자기 正色을 하고 말하자 그 여자는 잠시 어리둥절한 얼굴이었다. [ ]

27 나는 자기 전에 꼭 하루를 反省하고 잠자리에 든다. [ ]

28 화재로 국보급 목조 건물이 消失되었다. [ ]

29 天才는 1%의 영감과 99%의 노력으로 이루어진다는 에디슨의 말의 원래 뜻은 그것이 아니라 영감을 강조하려고 한 말이었다 한다. [ ]

30 通信의 발달로 지구가 점점 좁아지고 있다. [ ]

31 한겨울에 <u>漢江</u>의 수은주가 영하 20도까지 떨어질 때가 있다. [ ]

32 그녀의 미모는 <u>形言</u>할 수 없을 정도로 빼어났다. [ ]

33 백두산은 <u>休火山</u>이라 언제 터질지 아무도 모른다. [ ]

02 다음 漢字의 訓과 音을 쓰세요. (34~55)

보기: 大 → 큰 대

34	然 [ ]	35	待 [ ]
36	孫 [ ]	37	油 [ ]
38	角 [ ]	39	夏 [ ]
40	育 [ ]	41	第 [ ]
42	現 [ ]	43	溫 [ ]
44	路 [ ]	45	讀 [ ]
46	陽 [ ]	47	號 [ ]
48	術 [ ]	49	族 [ ]
50	社 [ ]	51	秋 [ ]
52	晝 [ ]	53	特 [ ]
54	會 [ ]	55	堂 [ ]

03 다음 밑줄 친 漢字語를 漢字로 쓰세요. (56~75)

56 최근 '나는 <u>가수</u>다'를 줄인 '나가수'란 프로그램이 인기를 끌었다. [ ]

57 청소년들은 <u>시간</u>을 잘 활용하는 습관을 길러야 한다. [ ]

58 조조의 군사는 결국 <u>백기</u>를 들고 말았다. [ ]

59 부모님을 <u>편안</u>하도록 하는 사람이 진짜 효자이다. [ ]

60 북태평양 고기압이 북쪽에서의 찬 공기 <u>남하</u>를 저지하고 있어 늦더위가 기승을 부리고 있다. [ ]

61 개울물에서 <u>동리</u> 꼬마들이 물고기를 잡는다. [ ]

62 고향에 가려면 기차에서 내려 <u>시내</u>버스로 갈아타야 한다. [ ]

63 사업자금이 <u>부족</u>했지만 그는 새로운 아이디어로 사업의 돌파구를 찾았다. [ ]

64 전기로 가는 <u>자동차</u>가 개발이 다 되었는데 아직 상용화가 안 되는 이유는 무엇일까? [ ]

65 친환경버스가 도입되면서 서울의 <u>공기</u>가 많이 깨끗해졌다. [ ]

66 너희 학교 <u>교화</u>는 무엇이니? [ ]

67 기자는 사건 현장을 직접 둘러보고 <u>기사</u>를 정확히 써야 한다. [ ]

68 <u>인명</u>은 재천이라고 그 누가 그 사람의 목숨을 알 수 있단 말인가. [ ]

69 그는 외국어에는 약했지만 <u>산수</u> 실력이 뛰어났다. [ ]

70 강을 끼고 돌면 <u>읍면</u>사무소가 보인다. [ ]

71 오랫동안 사람이 살지 않아 마당이 <u>초목</u>으로 무성하다. [ ]

72 인삼은 우리 지방의 <u>명물</u>로 주민의 든든한 수입원이다. [ ]

73 낮 12시를 정오라 하고 밤 12시를 <u>자정</u>이라 한다. [ ]

74 물건이 아래로 떨어지는 것은 <u>중력</u>의 작용 때문이다. [ ]

75 그는 <u>농부</u>의 자식으로 태어나 노력 끝에 학계의 거목으로 우뚝 섰다. [ ]

04 다음 漢字와 뜻이 서로 대립 또는 반대 되는 漢字를 골라 그 번호를 쓰세요. (76~78)

76 前 : ① 强 ② 後 ③ 明 ④ 美 [ ]

77 教 : ① 對 ② 登 ③ 使 ④ 習 [ ]

78 晝 : ① 夜 ② 室 ③ 銀 ④ 番 [ ]

05 다음 ( ) 안에 알맞은 漢字를 〈보기〉에서 찾아 그 번호를 쓰세요. (79~81)

보기				
	① 民	② 方	③ 東	④ 幸
	⑤ 死	⑥ 病	⑦ 國	⑧ 作

79 九( )一生 [ ]

80 ( )心三日 [ ]

81 千萬多( ) [ ]

06 다음 漢字와 뜻이 비슷한 漢字를 골라 그 번호를 쓰세요. (82~83)

82 分 : ① 和 ② 別 ③ 少 ④ 發 [ ]

83 樹 : ① 米 ② 李 ③ 朴 ④ 林 [ ]

07 다음 중 소리[音]는 같으나 뜻[訓]이 다른 漢字를 골라 그 번호를 쓰세요. (84~85)

84 新 : ① 神 ② 書 ③ 速 ④ 近 [ ]

85 題 : ① 朝 ② 弟 ③ 理 ④ 英 [ ]

08 다음 漢字語의 뜻을 가진 漢字語를 漢字로 쓰세요. (86~87)

86 어떤 움직임이나 동작을 하는 것.

87 새싹이 파랗게 돋아나는 봄철이라는 뜻으로 젊은 나이를 이르는 말.

09 다음 漢字의 짙게 표시한 획은 몇 번째 쓰는 획인지 〈보기〉에서 찾아 그 번호를 쓰세요. (88~90)

보기		
	① 첫 번째	② 두 번째
	③ 세 번째	④ 네 번째
	⑤ 다섯 번째	⑥ 여섯 번째
	⑦ 일곱 번째	⑧ 여덟 번째
	⑨ 아홉 번째	⑩ 열 번째

88 勇 [ ]

89 場 [ ]

90 聞 [ ]

■ 사단법인 한국어문회 · 한국한자능력검정회　　20 . ( ). ( ).　　6 0 1 ■

수험번호 □□□-□□-□□□□□　　성명 □□□□□

생년월일 □□□□□□

※ 유성 싸인펜, 붉은색 필기구 사용 불가.

※ 답안지는 컴퓨터로 처리되므로 구기거나 더럽히지 마시고, 정답 칸 안에만 쓰십시오. 글씨가 채점란으로 들어오면 오답처리가 됩니다.

제 회 전국한자능력검정시험 6급 답안지(1) (시험시간 50분)

답 안 란		채점란		답 안 란		채점란		답 안 란		채점란	
번호	정답	1검	2검	번호	정답	1검	2검	번호	정답	1검	2검
1				15				29			
2				16				30			
3				17				31			
4				18				32			
5				19				33			
6				20				34			
7				21				35			
8				22				36			
9				23				37			
10				24				38			
11				25				39			
12				26				40			
13				27				41			
14				28				42			

감독위원	채점위원(1)		채점위원(2)		채점위원(3)	
(서명)	(득점)	(서명)	(득점)	(서명)	(득점)	(서명)

※ 뒷면으로 이어짐

사단법인 한국어문회 · 한국한자능력검정회 20 . ( ). ( ). 602

※ 답안지는 컴퓨터로 처리되므로 구기거나 더럽히지 마시고, 정답 칸 안에만 쓰십시오. 글씨가 채점란으로 들어오면 오답처리가 됩니다.

제 회 전국한자능력검정시험 6급 답안지(2)

답 안 란		채점란		답 안 란		채점란		답 안 란		채점란	
번호	정답	1검	2검	번호	정답	1검	2검	번호	정답	1검	2검
43				59				75			
44				60				76			
45				61				77			
46				62				78			
47				63				79			
48				64				80			
49				65				81			
50				66				82			
51				67				83			
52				68				84			
53				69				85			
54				70				86			
55				71				87			
56				72				88			
57				73				89			
58				74				90			

■ 사단법인 한국어문회 · 한국한자능력검정회 20 . ( ). ( ). 601 ■

수험번호 □□□-□□-□□□□□ 성명 □□□□□

생년월일 □□□□□□

※ 유성 싸인펜, 붉은색 필기구 사용 불가.

※ 답안지는 컴퓨터로 처리되므로 구기거나 더럽히지 마시고, 정답 칸 안에만 쓰십시오. 글씨가 채점란으로 들어오면 오답처리가 됩니다.

제 회 전국한자능력검정시험 6급 답안지(1) (시험시간 50분)

답 안 란		채점란		답 안 란		채점란		답 안 란		채점란	
번호	정답	1검	2검	번호	정답	1검	2검	번호	정답	1검	2검
1				15				29			
2				16				30			
3				17				31			
4				18				32			
5				19				33			
6				20				34			
7				21				35			
8				22				36			
9				23				37			
10				24				38			
11				25				39			
12				26				40			
13				27				41			
14				28				42			

감독위원	채점위원(1)		채점위원(2)		채점위원(3)	
(서명)	(득점)	(서명)	(득점)	(서명)	(득점)	(서명)

※ 뒷면으로 이어짐

사단법인 한국어문회 · 한국한자능력검정회 20 . ( ). ( ). 602

※ 답안지는 컴퓨터로 처리되므로 구기거나 더럽히지 마시고, 정답 칸 안에만 쓰십시오. 글씨가 채점란으로 들어오면 오답처리가 됩니다.

제 회 전국한자능력검정시험 6급 답안지(2)

답 안 란		채점란		답 안 란		채점란		답 안 란		채점란	
번호	정답	1검	2검	번호	정답	1검	2검	번호	정답	1검	2검
43				59				75			
44				60				76			
45				61				77			
46				62				78			
47				63				79			
48				64				80			
49				65				81			
50				66				82			
51				67				83			
52				68				84			
53				69				85			
54				70				86			
55				71				87			
56				72				88			
57				73				89			
58				74				90			

■ 사단법인 한국어문회 · 한국한자능력검정회 20 . ( ). ( ). 601 ■

수험번호 □□□-□□-□□□□□ 성명 □□□□□

생년월일 □□□□□□

※ 유성 싸인펜, 붉은색 필기구 사용 불가.

※ 답안지는 컴퓨터로 처리되므로 구기거나 더럽히지 마시고, 정답 칸 안에만 쓰십시오. 글씨가 채점란으로 들어오면 오답처리가 됩니다.

제 회 전국한자능력검정시험 6급 답안지(1) (시험시간 50분)

답안란		채점란		답안란		채점란		답안란		채점란	
번호	정답	1검	2검	번호	정답	1검	2검	번호	정답	1검	2검
1				15				29			
2				16				30			
3				17				31			
4				18				32			
5				19				33			
6				20				34			
7				21				35			
8				22				36			
9				23				37			
10				24				38			
11				25				39			
12				26				40			
13				27				41			
14				28				42			

감독위원	채점위원(1)		채점위원(2)		채점위원(3)	
(서명)	(득점)	(서명)	(득점)	(서명)	(득점)	(서명)

※ 뒷면으로 이어짐

※ 답안지는 컴퓨터로 처리되므로 구기거나 더럽히지 마시고, 정답 칸 안에만 쓰십시오. 글씨가 채점란으로 들어오면 오답처리가 됩니다.

제 회 전국한자능력검정시험 6급 답안지(2)

답 안 란		채점란		답 안 란		채점란		답 안 란		채점란	
번호	정답	1검	2검	번호	정답	1검	2검	번호	정답	1검	2검
43				59				75			
44				60				76			
45				61				77			
46				62				78			
47				63				79			
48				64				80			
49				65				81			
50				66				82			
51				67				83			
52				68				84			
53				69				85			
54				70				86			
55				71				87			
56				72				88			
57				73				89			
58				74				90			

제6회

(社) 한국어문회 주관 · 한국한자능력검정회 시행

한자능력검정시험 6급 예상문제

문 항 수 : 90문항
합격문항 : 63문항
제한시간 : 50분

01 다음 밑줄 친 漢字語의 讀音을 쓰세요. (1~33)

보기 漢字 → 한자

1 各界에서 훌륭한 인사들이 모였다. [ ]
2 봄이 되니 만물이 기운차게 活動한다. [ ]
3 서로 같음은 等式으로 표현한다. [ ]
4 결혼하여 家庭을 갖는다. [ ]
5 논에서 일하며 農歌를 부른다. [ ]
6 어떤 법칙에도 例外는 있다. [ ]
7 보는 角度에 따라 느낌이 다르다. [ ]
8 추운 날씨에 感氣 조심하자. [ ]
9 결혼 禮物로 반지를 교환한다. [ ]
10 高地에서 배추 농사를 짓는다. [ ]
11 보낸 편지의 答信이 왔다. [ ]
12 과거에 급제하는 것을 登科라고 한다. [ ]
13 친구 代身 모임에 참석했다. [ ]
14 대의 名分은 반드시 지켜야 한다. [ ]
15 그 서점에 좋은 圖書가 많다. [ ]
16 失明 용사들을 나라에서 돌봐준다. [ ]
17 사람으로서 道理를 지켜야 한다. [ ]
18 新聞은 새 소식을 알려준다. [ ]
19 마라톤에서 先頭를 달린다. [ ]
20 綠色은 시원한 느낌을 준다. [ ]
21 살갗을 희게 하려고 美白 크림을 발랐다. [ ]
22 출판사에서 여러 가지 책을 發行한다. [ ]
23 지하철이 開通되었다. [ ]
24 特別히 뾰족한 수가 없다. [ ]
25 그 책의 발행 部數가 백만이 넘는다. [ ]
26 암으로 病死하는 사람이 점점 줄어든다. [ ]
27 시간을 지켜서 服藥해야 효과가 있다. [ ]
28 군인에게는 맡겨진 使命이 있다. [ ]
29 부친에게서 물려받은 事業을 열심히 한다. [ ]
30 컴퓨터를 速成으로 배웠다. [ ]
31 요사이 정원 손질로 消日하고 있다. [ ]
32 世習에 따라 정월 대보름을 맞는다. [ ]
33 工場에서 여러 물건을 만든다. [ ]

02 다음 漢字의 訓과 音을 쓰세요. (34~55)

보기 字 → 글자 자

34 路 [ ] 35 番 [ ]
36 來 [ ] 37 待 [ ]
38 由 [ ] 39 樹 [ ]
40 目 [ ] 41 計 [ ]
42 間 [ ] 43 花 [ ]
44 本 [ ] 45 算 [ ]
46 放 [ ] 47 果 [ ]
48 席 [ ] 49 愛 [ ]
50 始 [ ] 51 空 [ ]
52 區 [ ] 53 勝 [ ]
54 族 [ ] 55 飮 [ ]

03 다음 밑줄 친 漢字語의 漢字를 쓰세요. (56~75)

보기 국어 → 國語

56 고향 산천이 그립다. [ ]
57 사람이 몰려 입구가 복잡하다. [ ]
58 매년 농사가 잘 되었다. [ ]
59 북극에서의 생활을 수기로 펴냈다. [ ]
60 그는 시립 대학교에 다닌다. [ ]

61 천리 길도 한 걸음부터라는 말이 있다. [ ]

62 그는 팔방미인이다. [ ]

63 새 주소로 집을 찾아갔다. [ ]

64 왕자가 초등학교에 입학한다. [ ]

65 식민지 백성으로 많은 고통을 당했다. [ ]

66 우리는 쌀을 주식으로 한다. [ ]

67 부모님을 모시니 안심이 된다. [ ]

68 자연 보호 운동에 앞장선다. [ ]

69 명절 전후로 물가가 많이 올랐다. [ ]

70 우리 학교는 읍내에 있다. [ ]

71 우리 선생님은 훌륭한 교육자이시다. [ ]

72 그 일에 정면으로 반대한다. [ ]

73 내년에 중학교에 간다. [ ]

74 이중으로 처벌받아 억울하다. [ ]

75 삼촌이 그 마을의 촌장이시다. [ ]

04 다음 漢字의 반대 또는 상대되는 글자를 골라 그 번호를 쓰세요. (76~78)

76 今 : ① 共 ② 古 ③ 公 ④ 根 [ ]

77 朝 : ① 才 ② 戰 ③ 夕 ④ 在 [ ]

78 晝 : ① 夜 ② 陽 ③ 意 ④ 衣 [ ]

05 다음 ( )에 알맞은 漢字를 〈보기〉에서 찾아 그 번호를 쓰세요. (79~81)

보기				
	① 風	② 親	③ 苦	④ 集
	⑤ 月	⑥ 電	⑦ 形	⑧ 右

79 同( )同樂 : 같이 고생하고 같이 즐김.

80 上下左( ) : 위, 아래, 왼쪽, 오른쪽을 이름.

81 ( )光石火 : 몹시 짧은 시간.

06 다음 漢字와 뜻이 비슷한 漢字를 골라 그 번호를 쓰세요. (82~83)

82 永 : ① 午 ② 遠 ③ 言 ④ 姓 [ ]

83 海 : ① 軍 ② 木 ③ 洋 ④ 術 [ ]

07 다음 중 소리(音)는 같으나 뜻(訓)이 다른 漢字를 골라 그 번호를 쓰세요. (84~85)

84 半 : ① 朴 ② 班 ③ 省 ④ 室 [ ]

85 夫 : ① 北 ② 父 ③ 注 ④ 太 [ ]

08 다음 漢字語의 뜻을 풀이하세요. (86~87)

보기	體力 → 몸의 힘

86 多少 :

87 強弱 :

09 다음 漢字의 짙게 표시한 획은 몇 번째 쓰는 획인지 숫자(1~13)로 쓰세요. (88~90)

88 勇 [ ]

89 窓 [ ]

90 園 [ ]

수험번호 □□□-□□-□□□□□ 성명 □□□□□

생년월일 □□□□□□ ※ 유성 싸인펜, 붉은색 필기구 사용 불가.

※ 답안지는 컴퓨터로 처리되므로 구기거나 더럽히지 마시고, 정답 칸 안에만 쓰십시오. 글씨가 채점란으로 들어오면 오답처리가 됩니다.

제 회 전국한자능력검정시험 6급 답안지(1) (시험시간 50분)

답 안 란		채점란		답 안 란		채점란		답 안 란		채점란	
번호	정답	1검	2검	번호	정답	1검	2검	번호	정답	1검	2검
1				15				29			
2				16				30			
3				17				31			
4				18				32			
5				19				33			
6				20				34			
7				21				35			
8				22				36			
9				23				37			
10				24				38			
11				25				39			
12				26				40			
13				27				41			
14				28				42			

감독위원	채점위원(1)		채점위원(2)		채점위원(3)	
(서명)	(득점)	(서명)	(득점)	(서명)	(득점)	(서명)

※ 뒷면으로 이어짐

※ 답안지는 컴퓨터로 처리되므로 구기거나 더럽히지 마시고, 정답 칸 안에만 쓰십시오. 글씨가 채점란으로 들어오면 오답처리가 됩니다.

제　　회 전국한자능력검정시험 6급 답안지(2)

답 안 란		채점란		답 안 란		채점란		답 안 란		채점란	
번호	정답	1검	2검	번호	정답	1검	2검	번호	정답	1검	2검
43				59				75			
44				60				76			
45				61				77			
46				62				78			
47				63				79			
48				64				80			
49				65				81			
50				66				82			
51				67				83			
52				68				84			
53				69				85			
54				70				86			
55				71				87			
56				72				88			
57				73				89			
58				74				90			

제7회

(社) 한국어문회 주관 · 한국한자능력검정회 시행

한자능력검정시험 6급 예상문제

문 항 수 : 90문항
합격문항 : 63문항
제한시간 : 50분

01 다음 밑줄 친 漢字語의 讀音을 쓰세요. (1~33)

보기 漢字 → 한자

1 처음 意圖한 대로 일이 잘 돼 갑니다. [ ]
2 빠른 直球로 공을 던집니다. [ ]
3 빛깔을 區分하여 특색을 나타냅니다. [ ]
4 모든 사람이 共感하기란 쉽지 않습니다. [ ]
5 여가 活動으로 등산을 합니다. [ ]
6 世間에 들리는 소식을 다 믿을 순 없습니다. [ ]
7 서울의 交通 문제는 심각합니다. [ ]
8 計算이 빠릅니다. [ ]
9 음악에 頭角을 나타냅니다. [ ]
10 지리 學界에서 뛰어난 학자입니다. [ ]
11 事物을 정확히 관찰합니다. [ ]
12 強者는 약자를 도와야 합니다. [ ]
13 等高선은 높이가 같은 지점을 연결한 것입니다. [ ]
14 감기에 걸려 內科 병원에 갔습니다. [ ]
15 일의 해결에 한 가닥 光明이 비칩니다. [ ]
16 農工업에 종사하는 사람이 많습니다. [ ]
17 옛말의 用例를 모은 사전이 필요합니다. [ ]
18 그녀는 公主로 태어났습니다. [ ]
19 空白을 메웁니다. [ ]
20 郡民의 수가 점점 줄어듭니다. [ ]
21 날씨가 急速히 더워졌습니다. [ ]
22 동생 代身 심부름을 합니다. [ ]
23 고속 道路를 달립니다. [ ]
24 綠色은 눈에 시원합니다. [ ]
25 교통이 많이 便利해졌습니다. [ ]
26 天理에 어긋나는 일을 해선 안 됩니다. [ ]
27 每番 일등 하기란 쉽지 않습니다. [ ]
28 海面에 파도가 높았습니다. [ ]
29 運命을 하늘에 맡깁니다. [ ]
30 일부러 나쁜 所聞을 내는 사람이 있습니다. [ ]
31 美術에 뛰어난 재능이 있습니다. [ ]
32 산을 開發하는 공사가 한창입니다. [ ]
33 放心은 금물입니다. [ ]

02 다음 漢字의 訓과 音을 쓰세요. (34~55)

보기 字 → 글자 자

34 使 [ ]		35 目 [ ]	
36 勝 [ ]		37 部 [ ]	
38 各 [ ]		39 習 [ ]	
40 始 [ ]		41 夫 [ ]	
42 陽 [ ]		43 信 [ ]	
44 本 [ ]		45 功 [ ]	
46 特 [ ]		47 神 [ ]	
48 果 [ ]		49 根 [ ]	
50 園 [ ]		51 飮 [ ]	
52 李 [ ]		53 作 [ ]	
54 新 [ ]		55 在 [ ]	

03 다음 밑줄 친 漢字語의 漢字를 쓰세요. (56~75)

보기 국어 → 國語

56 입춘가 되니 날씨가 선선해집니다. [ ]

57 <u>남북</u>이 빨리 통일되어야 합니다. [ ]
58 <u>가수</u>가 전통 가요를 부릅니다. [ ]
59 아름다운 <u>강산</u>을 노래합니다. [ ]
60 <u>전화</u>로 소식을 전합니다. [ ]
61 서울 인구가 <u>천만</u> 가량 됩니다. [ ]
62 <u>정오</u>에는 볕이 뜨겁습니다. [ ]
63 <u>지하</u>에 땅굴을 파고 있습니다. [ ]
64 우리 <u>식구</u>는 세 사람입니다. [ ]
65 <u>동서</u> 쪽으로 높은 산이 있습니다. [ ]
66 얼굴에 <u>생기</u>가 돕니다. [ ]
67 <u>중년</u>이 되어 몸무게가 늘어났습니다. [ ]
68 그와 나는 같은 <u>동리</u>에서 자랐습니다. [ ]
69 <u>시외</u> 버스를 타고 갑니다. [ ]
70 <u>자연</u>이 훼손되어서는 안 됩니다. [ ]
71 <u>교육</u>자는 존경받아야 합니다. [ ]
72 <u>왕자</u>들은 무예에 뛰어났습니다. [ ]
73 <u>전후</u>가 모두 적으로 막혀 있습니다. [ ]
74 나이 들어 농촌에 <u>안주</u>합니다. [ ]
75 정원에 <u>화초</u>가 아름답게 피었습니다. [ ]

04 다음 漢字의 반대 또는 상대되는 글자를 골라 그 번호를 쓰세요. (76~78)

76 今 : ① 車 ② 古 ③ 堂 ④ 英 [ ]
77 樂 : ① 失 ② 京 ③ 金 ④ 苦 [ ]
78 近 : ① 遠 ② 服 ③ 病 ④ 半 [ ]

05 다음 ( )에 알맞은 漢字를 〈보기〉에서 찾아 그 번호를 쓰세요. (79~81)

보기				
	① 邑	② 短	③ 有	④ 衣
	⑤ 戰	⑥ 族	⑦ 醫	⑧ 集

79 一長一( )
80 愛國愛( )
81 男女( )別

06 다음 漢字와 뜻이 비슷한 漢字를 골라 그 번호를 쓰세요. (82~83)

82 家 : ① 村 ② 體 ③ 室 ④ 川 [ ]
83 和 : ① 出 ② 溫 ③ 才 ④ 寸 [ ]

07 다음 중 소리(音)는 같으나 뜻(訓)이 다른 漢字를 골라 그 번호를 쓰세요. (84~85)

84 幸 : ① 現 ② 行 ③ 晝 ④ 親 [ ]
85 兄 : ① 形 ② 向 ③ 號 ④ 重 [ ]

08 다음 漢字語의 뜻을 풀이하세요. (86~87)

보기	體力 : 몸의 힘

86 樹林 :
87 多少 :

09 다음 漢字의 짙게 표시한 획은 몇 번째 쓰는 획인지 숫자로 쓰세요. (88~90)

88 夏 [ ]
89 死 [ ]
90 旗 [ ]

수험번호 □□□-□□-□□□□□ 성명 □□□□□

생년월일 □□□□□□

※ 유성 싸인펜, 붉은색 필기구 사용 불가.

※ 답안지는 컴퓨터로 처리되므로 구기거나 더럽히지 마시고, 정답 칸 안에만 쓰십시오. 글씨가 채점란으로 들어오면 오답처리가 됩니다.

제 회 전국한자능력검정시험 6급 답안지(1) (시험시간 50분)

답 안 란		채점란		답 안 란		채점란		답 안 란		채점란	
번호	정답	1검	2검	번호	정답	1검	2검	번호	정답	1검	2검
1				15				29			
2				16				30			
3				17				31			
4				18				32			
5				19				33			
6				20				34			
7				21				35			
8				22				36			
9				23				37			
10				24				38			
11				25				39			
12				26				40			
13				27				41			
14				28				42			

감독위원	채점위원(1)		채점위원(2)		채점위원(3)	
(서명)	(득점)	(서명)	(득점)	(서명)	(득점)	(서명)

※ 뒷면으로 이어짐

사단법인 한국어문회 · 한국한자능력검정회 20 . ( ). ( ). 602

※ 답안지는 컴퓨터로 처리되므로 구기거나 더럽히지 마시고, 정답 칸 안에만 쓰십시오. 글씨가 채점란으로 들어오면 오답처리가 됩니다.

제 회 전국한자능력검정시험 6급 답안지(2)

답 안 란		채점란		답 안 란		채점란		답 안 란		채점란	
번호	정답	1검	2검	번호	정답	1검	2검	번호	정답	1검	2검
43				59				75			
44				60				76			
45				61				77			
46				62				78			
47				63				79			
48				64				80			
49				65				81			
50				66				82			
51				67				83			
52				68				84			
53				69				85			
54				70				86			
55				71				87			
56				72				88			
57				73				89			
58				74				90			

제8회

(社) 한국어문회 주관 · 한국한자능력검정회 시행

한자능력검정시험 6급 예상문제

문 항 수 : 90문항
합격문항 : 63문항
제한시간 : 50분

01 다음 밑줄 친 漢字語의 讀音을 쓰세요. (1~33)

보기: 漢字 → 한자

1 지난날보다는 現在에 충실합시다. [ ]
2 눈이 와서 路面이 미끄럽습니다. [ ]
3 話頭를 잘 꺼내야 좋은 대화를 할 수 있습니다. [ ]
4 英才 교육은 어려서 시작하는 것이 좋습니다. [ ]
5 弱者들은 보호를 받아야 합니다. [ ]
6 조각가가 인어의 形體를 아름답게 빚어냅니다. [ ]
7 그 분은 野心 만만한 사람입니다. [ ]
8 나침반으로 向方을 알아봅니다. [ ]
9 太陽은 언제나 빛나고 만물을 육성합니다. [ ]
10 우리나라는 海洋 산업이 발달하였습니다. [ ]
11 환절기에는 溫度의 차이가 심합니다. [ ]
12 군인으로서 용감한 行動이 모두를 감동시켰습니다. [ ]
13 초등학교에 들어가자 사리分別이 더 명확해졌습니다. [ ]
14 농촌에서의 생활은 平和롭습니다. [ ]
15 우리 민족의 始祖는 단군이십니다. [ ]
16 교통 信號를 어겨서는 안 됩니다. [ ]
17 결혼 禮式을 마치고 신혼여행을 떠납니다. [ ]
18 農業에 종사하는 사람이 점점 적어집니다. [ ]
19 不幸하게도 교통사고로 많은 사람이 사망합니다. [ ]
20 동생은 친구들과 어울려 活氣차게 잘 놉니다. [ ]
21 스마트폰을 利用하는 사람들이 늘어납니다. [ ]
22 환자의 病室로 위문을 갑니다. [ ]
23 衣服은 깨끗하고 잘 맞게 입어야 합니다. [ ]
24 시간에 늦지 않게 出席해야 합니다. [ ]
25 永遠히 변하지 않는 것은 없습니다. [ ]
26 해저에서 石油를 캐냅니다. [ ]
27 理由없는 반항을 하는 청소년이 있습니다. [ ]
28 世界 곳곳으로 여행 갈 계획을 세웁니다. [ ]
29 사람의 根本은 모두 착하다고 합니다. [ ]
30 과일마다 特有의 향기가 있습니다. [ ]
31 番地를 알고 집을 찾아갑니다. [ ]
32 神主를 모시고 차례를 지냅니다. [ ]
33 工場에서 여러 물품을 생산합니다. [ ]

02 다음 漢字의 訓과 音을 쓰세요. (34~55)

보기: 字 → 글자 자

34 半 [ ] 35 等 [ ]
36 班 [ ] 37 美 [ ]
38 書 [ ] 39 開 [ ]
40 線 [ ] 41 急 [ ]
42 歌 [ ] 43 放 [ ]
44 運 [ ] 45 京 [ ]
46 園 [ ] 47 近 [ ]
48 通 [ ] 49 果 [ ]
50 族 [ ] 51 術 [ ]
52 苦 [ ] 53 功 [ ]
54 集 [ ] 55 習 [ ]

03 다음 밑줄 친 漢字語를 漢字로 쓰세요. (56~75)

보기	국어 → 國語

56 이름을 지어 붙이는 일을 명명이라 합니다. [ ]

57 빈 공간에 텃밭을 만듭니다. [ ]

58 동구 밖에서 농악 소리가 들립니다. [ ]

59 그 말에 당황한 기색이 보였습니다. [ ]

60 신문에 특종 기사가 났습니다. [ ]

61 부모에게 효도해야 합니다. [ ]

62 내년에 중학교에 갑니다. [ ]

63 산수 시험에 백 점을 받았습니다. [ ]

64 종자가 동일해도 모양은 다 다릅니다. [ ]

65 매주 일요일에 등산을 합니다. [ ]

66 식물은 공기와 물과 흙에서 영양분을 섭취합니다. [ ]

67 자연은 있는 그대로 보존해야 합니다. [ ]

68 매일 10시에 잠자리에 듭니다. [ ]

69 목수들이 집을 짓습니다. [ ]

70 시장은 시민들의 의견을 존중합니다. [ ]

71 교육자들은 사명감이 있어야 합니다. [ ]

72 누구나 가문의 명예를 존중합니다. [ ]

73 우리 집안에는 사촌들이 많습니다. [ ]

74 넓은 평야에 안주하며 농사짓고 가축을 길렀습니다. [ ]

75 아파트에는 관리소장이 계십니다. [ ]

04 다음 漢字의 반대 또는 상대되는 글자를 골라 그 번호를 쓰세요. (76~78)

76 昨 : ① 金 ② 今 ③ 旗 ④ 車 [ ]

77 朝 : ① 成 ② 李 ③ 夕 ④ 足 [ ]

78 晝 : ① 速 ② 夜 ③ 愛 ④ 樹 [ ]

05 다음 漢字와 뜻이 비슷한 漢字를 골라 그 번호를 쓰세요. (79~80)

79 目 : ① 科 ② 身 ③ 失 ④ 部 [ ]

80 正 : ① 勝 ② 省 ③ 直 ④ 夫 [ ]

06 다음 ( ) 안에 알맞은 漢字를 〈보기〉에서 찾아 그 번호를 쓰세요. (81~83)

보기				
	① 邑	② 食	③ 青	④ 飮
	⑤ 作	⑥ 清	⑦ 孫	⑧ 銀

81 ( )風明月 – 맑은 바람과 밝은 달.

82 子( )萬代 – 오래도록 내려오는 여러 대.

83 二八( )春 – 16세 무렵의 꽃다운 청춘.

07 다음 중 소리(音)는 같으나 뜻(訓)이 다른 漢字를 골라 그 번호를 쓰세요. (84~85)

84 晝 : ① 表 ② 花 ③ 土 ④ 姓 [ ]

85 前 : ① 電 ② 注 ③ 勇 ④ 消 [ ]

08 다음 漢字語의 뜻을 풀이하세요. (86~87)

보기	國力 : 나라의 힘

86 意外 :

87 共感 :

09 다음 漢字의 짙게 표시한 획은 몇 번째 쓰는 획인지 〈보기〉에서 찾아 그 번호를 쓰세요. (88~90)

보기		
	① 첫 번째	② 두 번째
	③ 세 번째	④ 네 번째
	⑤ 다섯 번째	⑥ 여섯 번째
	⑦ 일곱 번째	⑧ 여덟 번째
	⑨ 아홉 번째	⑩ 열 번째
	⑪ 열한 번째	⑫ 열두 번째

88 圖 [ ]

89 戰 [ ]

90 秋 [ ]

수험번호 □□□-□□-□□□□□　　성명 □□□□□

생년월일 □□□□□□

※ 유성 싸인펜, 붉은색 필기구 사용 불가.

※ 답안지는 컴퓨터로 처리되므로 구기거나 더럽히지 마시고, 정답 칸 안에만 쓰십시오. 글씨가 채점란으로 들어오면 오답처리가 됩니다.

제 회 전국한자능력검정시험 6급 답안지(1) (시험시간 50분)

답 안 란		채점란		답 안 란		채점란		답 안 란		채점란	
번호	정답	1검	2검	번호	정답	1검	2검	번호	정답	1검	2검
1				15				29			
2				16				30			
3				17				31			
4				18				32			
5				19				33			
6				20				34			
7				21				35			
8				22				36			
9				23				37			
10				24				38			
11				25				39			
12				26				40			
13				27				41			
14				28				42			

감독위원	채점위원(1)		채점위원(2)		채점위원(3)	
(서명)	(득점)	(서명)	(득점)	(서명)	(득점)	(서명)

※ 뒷면으로 이어짐

※ 답안지는 컴퓨터로 처리되므로 구기거나 더럽히지 마시고, 정답 칸 안에만 쓰십시오. 글씨가 채점란으로 들어오면 오답처리가 됩니다.

제 회 전국한자능력검정시험 6급 답안지(2)

답 안 란		채점란		답 안 란		채점란		답 안 란		채점란	
번호	정답	1검	2검	번호	정답	1검	2검	번호	정답	1검	2검
43				59				75			
44				60				76			
45				61				77			
46				62				78			
47				63				79			
48				64				80			
49				65				81			
50				66				82			
51				67				83			
52				68				84			
53				69				85			
54				70				86			
55				71				87			
56				72				88			
57				73				89			
58				74				90			

제9회 한자능력검정시험 6급 예상문제

(社) 한국어문회 주관 · 한국한자능력검정회 시행

문 항 수 : 90문항
합격문항 : 63문항
제한시간 : 50분

01 다음 밑줄 친 漢字語의 讀音을 쓰세요. (1~33)

보기 | 漢字 → 한자

1 대도시의 交通은 혼잡합니다. [ ]
2 규칙적인 運動은 건강에 좋습니다. [ ]
3 地球에는 수 많은 생물이 삽니다. [ ]
4 農夫들은 날씨에 따라 농사를 짓습니다. [ ]
5 선행을 한 事例를 모아 발표회를 엽니다. [ ]
6 사고가 發生하기 전에 예방합시다. [ ]
7 가로등이 밝아서 밤길에 安心하고 다닙니다. [ ]
8 家族은 서로 화목해야 합니다. [ ]
9 복잡한 거리에서 方向 감각을 잃었습니다. [ ]
10 얼굴에 안 좋은 氣色이 나타났습니다. [ ]
11 對話를 많이 해야 친해집니다. [ ]
12 비타민은 成長에 꼭 필요합니다. [ ]
13 항상 注意해서 운전해야 합니다. [ ]
14 영양분을 만들 때 植物은 빛을 이용합니다. [ ]
15 우리 반을 代表해서 회의에 참석합니다. [ ]
16 孝道하는 마음은 공경에서 시작됩니다. [ ]
17 전화를 活用하여 편리한 생활을 합니다. [ ]
18 우리나라는 강산의 경치가 아름답기로 有名합니다. [ ]
19 여름 放學 때에 해수욕장에 갑니다. [ ]
20 몸이 不便한 사람에게 자리를 양보합니다. [ ]
21 工場 굴뚝에서 연기가 납니다. [ ]
22 午後에는 축구 시합을 했습니다. [ ]
23 많은 사람들이 그의 의견에 共感했습니다. [ ]
24 9시에 수업을 開始합니다. [ ]
25 計算은 정확해야 합니다. [ ]
26 讀書는 마음의 양식입니다. [ ]
27 형님은 신문사 記者이십니다. [ ]
28 좋은 상품을 區分해 내는 일이 어렵습니다. [ ]
29 물리 科目은 공부하기 힘듭니다. [ ]
30 光速보다 빠른 비행기는 없습니다. [ ]
31 잘못을 反省하고 새 출발합니다. [ ]
32 身體가 건강해야 정신도 건강합니다. [ ]
33 禮式장에 손님이 많습니다. [ ]

02 다음 漢字의 訓과 音을 쓰세요. (34~55)

보기 | 字 → 글자 자

34	圖 [ ]	35	路 [ ]
36	線 [ ]	37	番 [ ]
38	登 [ ]	39	休 [ ]
40	別 [ ]	41	歌 [ ]
42	病 [ ]	43	間 [ ]
44	形 [ ]	45	幸 [ ]
46	堂 [ ]	47	果 [ ]
48	集 [ ]	49	根 [ ]
50	理 [ ]	51	席 [ ]
52	待 [ ]	53	行 [ ]
54	立 [ ]	55	使 [ ]

03 다음 밑줄 친 漢字語의 漢字를 쓰세요. (56~75)

> 보기: 한국 → 韓國

56 청춘은 아름다운 시절입니다. [ ]

57 들판에 초목이 무성하게 자랐습니다. [ ]

58 공중에 비행기 한 대가 떠갑니다. [ ]

59 아침 식전에 냉수를 마십니다. [ ]

60 출구가 비좁아서 나오는데 시간이 걸렸습니다. [ ]

61 시골에 사는 백성을 촌민이라고도 합니다. [ ]

62 정삼각형은 세 변의 길이가 동일합니다. [ ]

63 동리의 우리 말은 '마을'입니다. [ ]

64 시외 버스가 마을 입구까지 들어옵니다. [ ]

65 내년에 중학교에 갑니다. [ ]

66 해군이 되어 바다를 지키고 싶습니다. [ ]

67 울창한 산림 속에 별장이 있습니다. [ ]

68 가정 교육이 학교 교육 못지 않게 중요합니다. [ ]

69 매일 규칙적인 생활을 합니다. [ ]

70 계약을 하면서 선금을 줍니다. [ ]

71 만세에 전해질 만큼 위대한 작품입니다. [ ]

72 백성의 뜻에 맞게 나라를 다스립니다. [ ]

73 산을 넘으니 평면의 들판에 곡식이 무르익어가고 있었습니다. [ ]

74 자연이 훼손되어서는 안 됩니다. [ ]

75 백기를 들고 적군이 항복합니다. [ ]

04 다음 漢字의 반대 또는 상대되는 글자를 골라 그 번호를 쓰세요. (76~78)

76 苦 : ① 部 ② 等 ③ 樂 ④ 頭 [ ]

77 近 : ① 遠 ② 急 ③ 利 ④ 命 [ ]

78 夏 : ① 失 ② 冬 ③ 線 ④ 雪 [ ]

05 다음 ( ) 안에 알맞은 漢字를 〈보기〉에서 찾아 그 번호를 쓰세요. (79~81)

> 보기: ① 右 ② 消 ③ 室 ④ 神 ⑤ 今 ⑥ 朝

79 花( )月夕 – 꽃 피는 아침과 달 뜨는 저녁.

80 東西古( ) – 동양과 서양, 옛과 지금.

81 上下左( ) – 위, 아래, 왼쪽, 아래쪽.

06 다음 漢字와 뜻이 비슷한 漢字를 골라 그 번호를 쓰세요. (82~83)

82 郡 : ① 業 ② 言 ③ 邑 ④ 服 [ ]

83 英 : ① 特 ② 永 ③ 住 ④ 所 [ ]

07 다음 중 소리(音)는 같으나 뜻(訓)이 다른 漢字를 골라 그 번호를 쓰세요. (84~85)

84 樹 : ① 章 ② 衣 ③ 在 ④ 數 [ ]

85 戰 : ① 陽 ② 電 ③ 作 ④ 才 [ ]

08 다음 漢字語의 뜻을 풀이하세요. (86~87)

86 正直 :

87 多少 :

09 다음 漢字의 짙게 표시한 획은 몇 번째 쓰는 획인지 숫자(1~13)로 쓰세요. (88~90)

88 新 [ ]

89 童 [ ]

90 銀 [ ]

수험번호 □□□-□□-□□□□□ 성명 □□□□□

생년월일 □□□□□□

※ 유성 싸인펜, 붉은색 필기구 사용 불가.

※ 답안지는 컴퓨터로 처리되므로 구기거나 더럽히지 마시고, 정답 칸 안에만 쓰십시오. 글씨가 채점란으로 들어오면 오답처리가 됩니다.

제 회 전국한자능력검정시험 6급 답안지(1) (시험시간 50분)

답 안 란		채점란		답 안 란		채점란		답 안 란		채점란	
번호	정답	1검	2검	번호	정답	1검	2검	번호	정답	1검	2검
1				15				29			
2				16				30			
3				17				31			
4				18				32			
5				19				33			
6				20				34			
7				21				35			
8				22				36			
9				23				37			
10				24				38			
11				25				39			
12				26				40			
13				27				41			
14				28				42			

감독위원	채점위원(1)		채점위원(2)		채점위원(3)	
(서명)	(득점)	(서명)	(득점)	(서명)	(득점)	(서명)

※ 뒷면으로 이어짐

※ 답안지는 컴퓨터로 처리되므로 구기거나 더럽히지 마시고, 정답 칸 안에만 쓰십시오. 글씨가 채점란으로 들어오면 오답처리가 됩니다.

제　　회 전국한자능력검정시험 6급 답안지(2)

답 안 란		채점란		답 안 란		채점란		답 안 란		채점란	
번호	정답	1검	2검	번호	정답	1검	2검	번호	정답	1검	2검
43				59				75			
44				60				76			
45				61				77			
46				62				78			
47				63				79			
48				64				80			
49				65				81			
50				66				82			
51				67				83			
52				68				84			
53				69				85			
54				70				86			
55				71				87			
56				72				88			
57				73				89			
58				74				90			

한자능력검정시험 6급 예상문제 정답

【제1회】 예상문제(25p~26p)

1 농가	2 매사	3 급속	4 공공
5 단명	6 각자	7 풍문	8 각도
9 반장	10 정답	11 발표	12 공과
13 구별	14 복용	15 광명	16 양기
17 두목	18 해양	19 동심	20 물리
21 병약	22 작업	23 부하	24 선로
25 소실	26 화약	27 평야	28 천연
29 승리	30 형식	31 행운	32 육영
33 현재	34 오를 등	35 예도 례	36 기다릴 대
37 움직일 동	38 모 방	39 실과 과	40 하여금 사
41 말미암을 유	42 사이 간	43 공 구	44 새 신
45 마당 장	46 부을 주	47 공 공	48 모을 집
49 차례 번	50 비로소 시	51 뿌리 근	52 기록할 기
53 사랑 애	54 편안 안	55 누를 황	56 空軍
57 同時	58 弟子	59 市內	60 水面
61 食口	62 小邑	63 五色	64 植民地
65 世上	66 有名	67 手足	68 人夫
69 午後	70 電話	71 王室	72 生前
73 千萬	74 大門	75 出入	76 ②
77 ④	78 ①	79 ②	80 ③
81 ④	82 ④	83 ②	84 ③
85 ②	86 直立	87 花草	88 ⑥
89 ⑤	90 ⑨		

【제2회】 예상문제(29p~30p)

1 등분	2 특별	3 개통	4 본부
5 감기	6 번호	7 세간	8 방심
9 백기	10 사업	11 구근	12 풍습
13 성공	14 작동	15 도리	16 급속
17 용례	18 과목	19 선로	20 사명
21 승자	22 신문	23 발명	24 해양
25 친족	26 가정	27 조상	28 서면
29 소실	30 자신	31 석유	32 장소
33 애증	34 기다릴 대	35 누를 황	36 아름다울 미
37 자리 석	38 눈 설	39 사귈 교	40 손자 손
41 병 병	42 클 태	43 살필 성, 줄일 생	
44 나무 수	45 겉 표	46 빛 광	47 재주 술
48 오를 등	49 구분할 구	50 법 식	51 들 야
52 창 창	53 향할 향	54 말미암을 유	55 싸움 전
56 電話	57 平生	58 空中	59 入住
60 食口	61 立方	62 農土	63 植民
64 同時	65 市長	66 便安	67 物色
68 天然	69 百花	70 每日	71 主人
72 算數	73 正午	74 草木	75 不孝
76 ④ 樂	77 ② 夏	78 ① 遠	79 ⑥ 計
80 ③ 後	81 ⑤ 夕	82 ② 身	83 ② 靑
84 ② 衣	85 ③ 班	86 父女	87 內外
88 ⑩	89 ⑦	90 ⑥	

【제3회】 예상문제(33p~35p)

1 도로	2 용례	3 훈화	4 다행
5 표현	6 발병	7 강약	8 목례
9 풍향	10 집중	11 중력	12 광속
13 친교	14 작금	15 근본	16 시구
17 대등	18 교복	19 정원	20 개방
21 번호	22 대독	23 창문	24 직각
25 자유	26 운행	27 신동	28 명분
29 주입	30 공통	31 특별	32 동족
33 형성	34 백성 민	35 푸를 록	36 짧을 단
37 느낄 감	38 머리 두	39 늙을 로	40 수풀 림
41 사라질 소	42 익힐 습	43 기다릴 대	44 기록할 기
45 목숨 명	46 쓸 고	47 이길 승	48 나무 수
49 줄 선	50 뜻 의	51 뒤 후	52 오를 등
53 자리 석	54 서울 경	55 높을 고	56 休日
57 動物	58 空間	59 內外	60 江山
61 食水	62 父子	63 手足	64 午前
65 便安	66 場所	67 世上	68 天然
69 秋夕	70 電氣	71 三面	72 生色
73 軍歌	74 花草	75 敎育	76 ① 夜
77 ③ 女	78 ③ 死	79 ② 答	80 ① 計
81 ④ 事	82 ② 郡	83 ① 晝	84 ④ 夫
85 ③ 長	86 몸의 온도	87 몸과 마음	88 ⑨
89 ⑥	90 ⑤		

【제4회】 예상문제(36p~38p)

1 신장	2 친근	3 녹색	4 번지
5 유화	6 구형	7 과수원	8 집합
9 유별	10 기수	11 특사	12 초당
13 등수	14 전광	15 후반	16 술수
17 신병	18 반성	19 계산	20 약용
21 발동	22 조회	23 통화	24 시작
25 양복	26 강력	27 영원	28 약체
29 정족수	30 전사	31 근본	32 독자
33 김만중	34 느낄 감	35 열 개	36 의원 의
37 마실 음	38 겨레 족	39 지경/구분할 구	
40 고을 군	41 짧을 단	42 놓을 방	43 그림 도
44 믿을 신	45 머리 두	46 이름 호	47 예도 례
48 길 로	49 별 양	50 나눌 반	51 사랑 애
52 아이 동	53 과목 과	54 이길 승	55 줄 선
56 秋夕	57 時間	58 安全	59 年老
60 日記	61 敎育	62 農村	63 家事
64 心氣	65 場內	66 住民	67 先王
68 紙面	69 自然	70 小食	71 植木日
72 東海	73 校花	74 活火山	75 五六月
76 ③	77 ④	78 ②	79 ⑥
80 ④	81 ⑧	82 ①	83 ④
84 ③	85 ④	86 행복한 운수, 좋은 운수.	
87 배우고 익힘	88 ⑦	89 ⑨	90 ⑧

한자능력검정시험 6급 예상문제 정답

【제5회】 예상문제(39p~41p)

1 의식주　2 가정　3 북풍　4 시조
5 서양　6 본업　7 급행　8 구두
9 운신　10 승자　11 동화　12 장단
13 답례　14 외향　15 낙원　16 직감
17 집중　18 남녀공학　19 용변　20 표출
21 약체　22 동창　23 주의　24 야생
25 도식　26 정색　27 반성　28 소실
29 천재　30 통신　31 한강　32 형언
33 휴화산　34 그럴 연　35 기다릴 대　36 손자 손
37 기름 유　38 뿔 각　39 여름 하　40 기를 육
41 차례 제　42 나타날 현　43 따뜻할 온　44 길 로
45 읽을 독/구절 두　46 별 양　47 이름 호
48 재주 술　49 겨레 족　50 모일 사　51 가을 추
52 그림 화/그을 획　53 특별할 특　54 모일 회
55 집 당　56 歌手　57 時間　58 白旗
59 便安　60 南下　61 洞里　62 市內
63 不足　64 自動車　65 空氣　66 校花
67 記事　68 人命　69 算數　70 邑面
71 草木　72 名物　73 子正　74 重力
75 農夫　76 ②　77 ④　78 ①
79 ⑤　80 ⑧　81 ④　82 ②
83 ④　84 ①　85 ②　86 活動
87 青春　88 ⑦　89 ⑩　90 ⑩

【제6회】 예상문제(49p~50p)

1 각계　2 활동　3 등식　4 가정
5 농가　6 예외　7 각도　8 감기
9 예물　10 고지　11 답신　12 등과
13 대신　14 명분　15 도서　16 실명
17 도리　18 신문　19 선두　20 녹색
21 미백　22 발행　23 개통　24 특별
25 부수　26 병사　27 복약　28 사명
29 사업　30 속성　31 소일　32 세습
33 공장　34 길 로　35 차례 번　36 올 래
37 기다릴 대　38 말미암을 유　39 나무 수　40 눈 목
41 셀 계　42 사이 간　43 꽃 화　44 근본 본
45 셈 산　46 놓을 방　47 실과 과　48 자리 석
49 사랑 애　50 비로소 시　51 빌 공　52 구분할 구
53 이길 승　54 겨레 족　55 마실 음　56 山川
57 入口　58 每年　59 手記　60 市立
61 千里　62 八方　63 住所　64 王子
65 植民　66 主食　67 安心　68 自然
69 前後　70 邑內　71 教育　72 正面
73 中學　74 二重　75 村長　76 ② 古
77 ③ 夕　78 ① 夜　79 ③ 苦　80 ⑧ 右
81 ⑥ 電　82 ② 遠　83 ③ 洋　84 ② 班
85 ② 父　86 많음과 적음. 어느 정도　87 강하고 약함
88 5　89 9　90 7

【제7회】 예상문제(53p~54p)

1 의도　2 직구　3 구분　4 공감
5 활동　6 세간　7 교통　8 계산
9 두각　10 학계　11 사물　12 강자
13 등고　14 내과　15 광명　16 농공
17 용례　18 공주　19 공백　20 군민
21 급속　22 대신　23 도로　24 녹색
25 편리　26 천리　27 매번　28 해면
29 운명　30 소문　31 미술　32 개발
33 방심　34 하여금 사　35 눈 목　36 이길 승
37 떼 부　38 각각 각　39 익힐 습　40 비로소 시
41 지아비 부　42 볕 양　43 믿을 신　44 근본 본
45 공 공　46 특별할 특　47 귀신 신　48 실과 과
49 뿌리 근　50 동산 원　51 마실 음　52 오얏/성 리
53 지을 작　54 새 신　55 있을 재　56 立秋
57 南北　58 歌手　59 江山　60 電話
61 千萬　62 正午　63 地下　64 食口
65 東西　66 生氣　67 中年　68 洞里
69 市外　70 自然　71 教育　72 王子
73 前後　74 安住　75 花草　76 ② 古
77 ④ 苦　78 ① 遠　79 ② 短　80 ⑥ 族
81 ③ 有　82 ③ 室　83 ② 溫　84 ② 行
85 ① 形　86 나무가 우거진 숲 (나무숲)　87 많음과 적음
88 9　89 5　90 7

【제8회】 예상문제(57p~58p)

1 현재　2 노면　3 화두　4 영재
5 약자　6 형체　7 야심　8 향방
9 태양　10 해양　11 온도　12 행동
13 분별　14 평화　15 시조　16 신호
17 예식　18 농업　19 불행　20 활기
21 이용　22 병실　23 의복　24 출석
25 영원　26 석유　27 이유　28 세계
29 근본　30 특유　31 번지　32 신주
33 공장　34 반 반　35 무리 등　36 나눌 반
37 아름다울 미　38 글 서　39 열 개　40 줄 선
41 급할 급　42 노래 가　43 놓을 방　44 옮길 운
45 서울 경　46 동산 원　47 가까울 근　48 통할 통
49 실과 과　50 겨레 족　51 재주 술　52 쓸 고
53 공 공　54 모일 집　55 익힐 습　56 命名
57 空間　58 洞口　59 氣色　60 記事
61 孝道　62 來年　63 算數　64 同一
65 登山　66 植物　67 自然　68 每日
69 木手　70 市民　71 教育　72 家門
73 四寸　74 安住　75 所長　76 ② 今
77 ③ 夕　78 ② 夜　79 ① 科　80 ③ 直
81 ⑥ 清　82 ⑦ 孫　83 ③ 青　84 ② 花
85 ① 電　86 뜻밖　87 (남의 의견에 대해) 한가지로 느낌
88 ⑦ 일곱 번째　89 ⑪ 열한 번째　90 ⑧ 여덟 번째

【제9회】 예상문제(61p~62p)

1 교통	2 운동	3 지구	4 농부
5 사례	6 발생	7 안심	8 가족
9 방향	10 기색	11 대화	12 성장
13 주의	14 식물	15 대표	16 효도
17 활용	18 유명	19 방학	20 불편
21 공장	22 오후	23 공감	24 개시
25 계산	26 독서	27 기자	28 구분
29 과목	30 광속	31 반성	32 신체
33 예식	34 그림 도	35 길 로	36 푸를 록
37 차례 번	38 오를 등	39 쉴 휴	40 다를 별
41 노래 가	42 병 병	43 사이 간	44 모양 형
45 다행 행	46 집 당	47 실과 과	48 모을 집
49 뿌리 근	50 다스릴 리	51 자리 석	52 기다릴 대
53 다닐 행	54 설 립	55 하여금 사	56 青春
57 草木	58 空中	59 食前	60 出口
61 村民	62 同一	63 洞里	64 市外
65 來年	66 海軍	67 山林	68 教育
69 每日	70 先金	71 萬世	72 百姓
73 平面	74 自然	75 白旗	76 ③
77 ①	78 ②	79 ⑥	80 ⑤
81 ①	82 ③	83 ①	84 ④
85 ②	86 (마음이) 곧고 바름		87 많고 적음
88 12	89 7	90 12	

한자능력검정시험

6급 기출문제

(제104회~제111회)

•기출문제(제104회~제111회)

•정답(95p~96p)

➔ 본 기출문제는 수험생들의 기억에 의하여 재생된 문제입니다.

(社) 한국어문회 주관·한국한자능력검정회 시행

한자능력검정시험 6급 기출문제

문 항 수 : 90문항
합격문항 : 63문항
제한시간 : 50분

01 다음 밑줄 친 漢字語의 讀音을 쓰세요. (1~33)

보기 | 漢字 → 한자

1 산간 지역에 大雪이 내려 버스가 다닐 수 없습니다. [ ]

2 중계석에 나가 있는 記者를 불러 보도록 하겠습니다. [ ]

3 그 선수는 어렸을 때부터 남다른 頭角을 보였습니다. [ ]

4 우리는 夕陽이 지는 바닷가를 나란히 걸었습니다. [ ]

5 요즘은 銀行에 가지 않고도 세금 납부가 가능합니다. [ ]

6 인간은 根本적으로 혼자서 살 수 없습니다. [ ]

7 우리 民族은 예로부터 흰옷을 즐겨 입었습니다. [ ]

8 그것은 고대로부터 전해 내려오는 風習입니다. [ ]

9 어머니는 信用 카드로 병원비를 결제하였습니다. [ ]

10 삼촌은 월남전에서 큰 戰功을 세웠습니다. [ ]

11 昨年에 비하여 올해 벼를 더 많이 생산했습니다. [ ]

12 그 집 아들은 벌써 구구법을 외울 정도로 英特합니다. [ ]

13 나는 그의 요청을 거절할 道理가 없었습니다. [ ]

14 먼저 원을 그린 다음 가운데에 直線을 그었습니다. [ ]

15 꽃다발을 들고 친구의 病室로 문병을 갔습니다. [ ]

16 그는 과거의 잘못을 뼈아프게 反省하고 있습니다. [ ]

17 현미는 白米보다 더 좋은 건강식품입니다. [ ]

18 우리 집 庭園에는 감나무가 두 그루 있습니다. [ ]

19 은사께서 향년 83세를 일기로 別世하셨습니다. [ ]

20 나는 美術에는 소질이 없습니다. [ ]

21 이번 주말에는 在京 동문회의 모임이 있습니다. [ ]

22 선생님은 학교에서 무슨 科目을 가르치십니까? [ ]

23 자리가 없어서 우리는 자연스럽게 合席하게 되었습니다. [ ]

24 선생은 우리에게 탈춤의 由來를 얘기해 주었습니다. [ ]

25 영희네 집은 우리 집에 비해 飮食이 훨씬 싱겁습니다. [ ]

26 단군 神話에는 곰이 사람으로 된 이야기가 나옵니다. [ ]

27 그의 무례한 言動에 사람들이 몹시 놀랐습니다. [ ]

28 오늘은 우리 반 학생 太半이 지각을 했습니다. [ ]

29 그는 苦學으로 대학까지 졸업했습니다. [ ]

30 오늘은 대학 합격자 發表가 있는 날입니다. [ ]

31 정체 구간이 풀리자 주행 速度가 빨라졌습니다. [ ]

32 그곳은 경치가 아름답고 기후가 溫和합니다. [ ]

33 트럭 한 대가 주차장 通路를 막고 서 있습니다. [ ]

02 다음 漢字의 訓과 音을 쓰세요. (34~55)

보기: 字 → 글자 자

34 樹 [ ]		35 集 [ ]	
36 例 [ ]		37 向 [ ]	
38 朝 [ ]		39 石 [ ]	
40 親 [ ]		41 開 [ ]	
42 章 [ ]		43 聞 [ ]	
44 孫 [ ]		45 現 [ ]	
46 感 [ ]		47 醫 [ ]	
48 愛 [ ]		49 洋 [ ]	
50 黃 [ ]		51 交 [ ]	
52 待 [ ]		53 永 [ ]	
54 野 [ ]		55 多 [ ]	

03 다음 漢字와 뜻이 반대(또는 상대)되는 것을 골라 그 번호를 쓰세요. (56~58)

56 死 : ① 果 ② 利 ③ 冬 ④ 活 [ ]

57 天 : ① 號 ② 住 ③ 地 ④ 車 [ ]

58 遠 : ① 重 ② 近 ③ 林 ④ 童 [ ]

04 다음 漢字와 뜻이 같거나 비슷한 것을 골라 그 번호를 쓰세요. (59~60)

59 計 : ① 番 ② 等 ③ 草 ④ 算 [ ]

60 衣 : ① 書 ② 堂 ③ 服 ④ 里 [ ]

05 다음 漢字와 소리(音)는 같으나 뜻(訓)이 다른 것을 골라 그 번호를 쓰세요. (61~62)

61 有 : ① 身 ② 育 ③ 油 ④ 業 [ ]

62 兄 : ① 形 ② 幸 ③ 弱 ④ 窓 [ ]

06 다음 사자성어의 ( ) 안에 알맞은 漢字를 〈보기〉에서 찾아 그 번호를 쓰세요. (63~65)

보기: ① 光 ② 使 ③ 夜 ④ 始 ⑤ 作 ⑥ 勝 ⑦ 運 ⑧ 自

63 各( )圖生 : 제각기 살아 나갈 방법을 꾀함.

64 晝( )長川 : 밤낮으로 쉬지 아니하고 연달아.

65 ( )心三日 : 단단히 먹은 마음이 사흘을 가지 못함.

07 다음 뜻에 맞는 漢字語를 〈보기〉에서 찾아 그 번호를 쓰세요. (66~67)

보기: ① 區分 ② 新綠 ③ 電球 ④ 失禮 ⑤ 對答 ⑥ 音樂

66 늦봄이나 초여름에 새로 나온 잎의 푸른빛. [ ]

67 말이나 행동이 예의에 벗어남. [ ]

08 다음 밑줄 친 漢字語를 漢字로 쓰세요. (68~87)

보기: 한자 → 漢字

68 우리 모임은 다수의 의견만큼 소수의 의견도 존중합니다. [ ]

69 우리는 매주 토요일에 등산을 합니다. [ ]

70 요즘 가수 중에는 10대의 청춘스타가 많습니다. [ ]

71 그는 여러 방면에 모르는 게 없을 정도로 똑똑합니다. [ ]

72 그녀는 훌륭한 가문에서 태어나 좋은 교육을 받고 자랐습니다. [ ]

73 내가 서울을 떠난 시간은 어제 정오 무렵이었습니다. [ ]

74 단둘이 이야기하고 싶은데 시간 있어요? [ ]

75 그녀가 쏜 화살이 과녁에 정확하게 명중했습니다. [ ]

76 가을이 시작되는 입추가 지났는데도 햇볕이 뜨겁습니다. [ ]

77 창을 열고 싱그러운 아침 공기를 들이마셨습니다. [ ]

78 이곳은 마을 어르신들의 놀이 장소입니다. [ ]

79 그녀는 젊은 시절의 불효를 크게 뉘우쳤습니다. [ ]

80 어머니는 매월 10만 원씩 용돈을 주십니다. [ ]

81 우리 학교 교가는 교장 선생님께서 만드셨습니다. [ ]

82 그는 평범한 농부의 셋째 아들로 태어났습니다. [ ]

83 이 땅에는 선조들이 남긴 귀중한 유산들이 많습니다. [ ]

84 심사숙고한 연후에 질문에 답하도록 하세요. [ ]

85 여기는 미성년자의 출입이 금지된 구역입니다. [ ]

86 저는 해군이 되어 제 고향 바다를 지키고 싶습니다. [ ]

87 그는 키가 커서 행사 때마다 기수로 선발되었습니다. [ ]

09 다음 漢字에서 진하게 표시한 획은 몇 번째 쓰는지 〈보기〉에서 찾아 그 번호를 쓰세요. (88~90)

보기

① 첫 번째 ② 두 번째
③ 세 번째 ④ 네 번째
⑤ 다섯 번째 ⑥ 여섯 번째
⑦ 일곱 번째 ⑧ 여덟 번째
⑨ 아홉 번째

88  [ ]

89 東 [ ]

90 便 [ ]

제105회 한자능력검정시험 6급 기출문제

2024. 05. 25 시행

(社) 한국어문회 주관 · 한국한자능력검정회 시행

문 항 수 : 90문항
합격문항 : 63문항
제한시간 : 50분

01 다음 밑줄 친 漢字語의 讀音을 쓰세요. (1~33)

보기: 漢字 → 한자

1 우리는 제주도 여행에 필요한 경비를 算定해 보았습니다. [ ]

2 오래된 古物 자전거를 수리했더니 새것처럼 잘 나갑니다. [ ]

3 눈을 떴을 때는 벌써 東窓이 희뿌옇게 밝아 오고 있었습니다. [ ]

4 그는 다음 주까지 책을 돌려주겠다고 口頭로 약속을 했습니다. [ ]

5 나는 일에 대한 그녀의 열정에 感服하였습니다. [ ]

6 올해는 연중 내내 날씨가 좋아 오곡과 百果가 대풍입니다. [ ]

7 나는 그녀에게 이번 주말 함께 영화를 볼 意向이 있는지 물었습니다. [ ]

8 해마다 수입 농산물이 늘어나고 있는 것으로 集計되었습니다. [ ]

9 이 도로는 밤 시간에 주차 공간으로 活用됩니다. [ ]

10 국회의원 선거를 앞두고 공정 감시단이 發足되었습니다. [ ]

11 선생님은 두꺼비와 개구리를 區別하는 법을 알려주셨습니다. [ ]

12 철수는 학교만 끝나면 집으로 直行하곤 합니다. [ ]

13 환경 보전에 힘쓰는 것은 우리 後孫을 위한 일입니다. [ ]

14 나는 꿈이 없는 젊은이는 不幸하다고 생각합니다. [ ]

15 박 선수는 角度 큰 변화구를 잘 구사합니다. [ ]

16 아주 추운 지방에서는 水銀으로 된 온도계를 사용할 수 없습니다. [ ]

17 그는 날씨와 상관없이 장날이면 例外없이 장터로 나갔습니다. [ ]

18 할머니께서는 무릎에 인공 관절 手術을 받으셨습니다. [ ]

19 그 조각가는 음료수 캔을 재활용한 特色있는 조각 작품을 만들었습니다. [ ]

20 그는 어떠한 억압에도 굴하지 않는 勇氣있는 실천가였습니다. [ ]

21 우리 모둠은 지구의 온도 변화를 圖表로 그렸습니다. [ ]

22 조난당한 사람들이 손전등을 깜빡거리며 구조 信號를 보냈습니다. [ ]

23 선생님과 학생들의 대담은 일문일답의 形式으로 진행되었습니다. [ ]

24 감초는 韓藥에 빠지지 않고 들어가는 약초입니다. [ ]

25 오늘 점심에는 새로 開業한 식당에 가 보기로 했습니다. [ ]

26 각 과의 첫머리에는 學習을 돕기 위한 만화가 실려 있습니다. [ ]

27 선생님께서 탈춤의 由來를 이야기해 주셨습니다. [ ]

28 실력이 對等한 팀의 경기일수록 보는 재미가 있습니다. [ ]

29 들판에는 살을 에는 듯한 北風이 거세게 몰아쳤습니다. [ ]

30 그는 벼슬을 포기하고 한평생 在野의 선비로 살았습니다. [ ]

31 경기가 速戰으로 끝나 버리자 관중들이 다소 아쉬워했습니다. [ ]

32 그는 다양한 종류의 음악들을 交代로 들려주었습니다. [ ]

33 그분의 은혜를 나는 永遠히 잊지 못할 것입니다. [ ]

02 다음 漢字의 訓과 音을 쓰세요. (34~55)

보기: 字 → 글자 자

34 洋 [ ] 35 溫 [ ]
36 米 [ ] 37 族 [ ]
38 美 [ ] 39 京 [ ]
40 太 [ ] 41 強 [ ]
42 多 [ ] 43 根 [ ]
44 油 [ ] 45 路 [ ]
46 病 [ ] 47 席 [ ]
48 言 [ ] 49 夜 [ ]
50 黃 [ ] 51 陽 [ ]
52 綠 [ ] 53 園 [ ]
54 章 [ ] 55 待 [ ]

03 다음 漢字와 뜻이 반대(또는 상대)되는 것을 골라 그 번호를 쓰세요. (56~58)

56 分 : ① 李 ② 英 ③ 合 ④ 書 [ ]
57 苦 : ① 題 ② 樂 ③ 庭 ④ 放 [ ]
58 昨 : ① 體 ② 飮 ③ 神 ④ 今 [ ]

04 다음 漢字와 뜻이 같거나 비슷한 것을 골라 그 번호를 쓰세요. (59~60)

59 樹 : ① 林 ② 愛 ③ 近 ④ 衣 [ ]
60 郡 : ① 童 ② 邑 ③ 才 ④ 成 [ ]

05 다음 漢字와 소리(音)는 같으나 뜻(訓)이 다른 것을 골라 그 번호를 쓰세요. (61~62)

61 始 : ① 時 ② 晝 ③ 醫 ④ 番 [ ]
62 話 : ① 明 ② 急 ③ 現 ④ 畫 [ ]

06 다음 사자성어의 ( ) 안에 알맞은 漢字를 〈보기〉에서 찾아 그 번호를 쓰세요. (63~65)

보기: ① 級 ② 社 ③ 科 ④ 死 ⑤ 目 ⑥ 火 ⑦ 朴 ⑧ 有

63 九( )一生 : 아홉 번 죽을 뻔하다 한 번 살아남.
64 父子( )親 : 아버지와 아들 사이에는 두터운 정이 있어야 함.
65 電光石( ) : 번갯불과 부싯돌의 불.

07 다음 뜻에 맞는 漢字語를 〈보기〉에서 찾아 그 번호를 쓰세요. (66~67)

보기: ① 名勝 ② 本線 ③ 先通 ④ 消失 ⑤ 使者 ⑥ 朝夕

66 사라져 없어짐. [ ]
67 미리 알림. [ ]

08 다음 밑줄 친 漢字語를 漢字로 쓰세요. (68~87)

보기: 한자 → 漢字

68 각 학교 대표들은 교기를 들고 대회장에 입장하였습니다. [ ]

69 출전한 경주마들이 전력 질주를 합니다. [ ]

70 그녀가 쏜 화살이 과녁에 정확하게 명중했습니다. [ ]

71 길 건너 <u>정면</u>으로 보이는 건물이 바로 시청입니다. [ ]

72 나는 <u>천지</u>를 진동하는 천둥소리에 놀라 잠에서 깼습니다. [ ]

73 문화 유적에는 우리 <u>조상</u>들의 정신과 지혜가 담겨 있습니다. [ ]

74 붙박이장은 <u>공간</u>이 좁은 주택에 안성맞춤입니다. [ ]

75 약속한 시각에 늦지 않도록 모임 <u>장소</u>에 나갔습니다. [ ]

76 영희는 <u>화초</u>를 가꿔서 친구들에게 나눠주곤 합니다. [ ]

77 올해 단풍은 <u>평년</u>보다 3일쯤 빨리 찾아올 것으로 보입니다. [ ]

78 우리 모임은 다수의 의견만큼 <u>소수</u>의 의견도 존중합니다. [ ]

79 아버지와 나는 휴일마다 함께 <u>등산</u>을 합니다. [ ]

80 우리나라의 국군은 육군, 공군, <u>해군</u>으로 구성되어 있습니다. [ ]

81 우리는 이 사건에 대하여 어떠한 <u>사전</u> 정보도 입수하지 못했습니다. [ ]

82 이 상가에 <u>입주</u>해 있는 점포는 수십 개에 달합니다. [ ]

83 이번 모임에 영희도 온다는 소식을 듣고 <u>내심</u> 기뻤습니다. [ ]

84 재채기나 트림은 인간의 <u>자연</u>스러운 생리 현상입니다. [ ]

85 정자나무 아래에서 두 <u>노인</u>이 장기를 두고 계셨습니다. [ ]

86 지금 <u>농촌</u>에서는 모종 옮겨심기가 한창입니다. [ ]

87 화재 신고를 받은 소방대원들이 신속히 현장으로 <u>출동</u>했습니다. [ ]

09 다음 漢字에서 진하게 표시한 획은 몇 번째 쓰는지 〈보기〉에서 찾아 그 번호를 쓰세요. (88~90)

보기

① 첫 번째	② 두 번째
③ 세 번째	④ 네 번째
⑤ 다섯 번째	⑥ 여섯 번째
⑦ 일곱 번째	⑧ 여덟 번째
⑨ 아홉 번째	⑩ 열 번째

88 弱 [ ]

89 秋 [ ]

90 男 [ ]

제106회
2024. 08. 24 시행

(社) 한국어문회 주관·한국한자능력검정회 시행

한자능력검정시험 6급 기출문제

문 항 수 : 90문항
합격문항 : 63문항
제한시간 : 50분

01 다음 밑줄 친 漢字語의 讀音을 쓰세요. (1~33)

보기 | 漢字 → 한자

1 그 선수는 어렸을 때부터 남다른 頭角을 보였습니다. [ ]

2 축구 경기에서 우리 팀이 상대편에 5 대 0으로 樂勝했습니다. [ ]

3 各級 학교는 긴 방학을 마치고 일제히 개학하였습니다. [ ]

4 물이 묻은 손으로 전기 기구를 만지면 感電의 위험이 있습니다. [ ]

5 우리 학교 도서관은 24시간 開放합니다. [ ]

6 아버지는 어머니와의 死別 후 슬픔으로 괴로워하셨습니다. [ ]

7 따스한 봄이 되자 庭園의 꽃나무에 새순이 돋았습니다. [ ]

8 둥덩거리는 風物놀이 소리에 어깨춤이 절로 납니다. [ ]

9 결재를 할 때 圖章 대신 서명을 사용해도 됩니다. [ ]

10 골짜기는 온통 草綠색으로 덮여 있었습니다. [ ]

11 그의 구두에는 黃土가 잔뜩 묻어 있었습니다. [ ]

12 선생님께서 운동장으로 전원 集合을 하라고 하셨습니다. [ ]

13 그는 나에게 가볍게 目禮하며 지나갔습니다. [ ]

14 이 국어사전은 무엇보다 用例가 풍부하여 좋습니다. [ ]

15 우리들은 이번 행사에서 기대 이상의 成果를 올렸습니다. [ ]

16 이 보일러는 일정한 溫度가 되면 자동으로 꺼집니다. [ ]

17 컴퓨터의 世界는 무한한 가능성으로 가득 차 있습니다. [ ]

18 그녀는 눈이 쑥 들어가 病者처럼 보였습니다. [ ]

19 그녀는 失神한 뒤 병원 응급실로 실려 갔습니다. [ ]

20 우리 팀이 苦戰한 이유는 현지 적응 실패 때문입니다. [ ]

21 太陽이 수평선 위로 쑥 솟아 올라옵니다. [ ]

22 트럭 한 대가 주차장 通路를 막고 서 있습니다. [ ]

23 우리 팀에게는 리그 방식보다 토너먼트 방식이 有利합니다. [ ]

24 新聞에 우리 회사의 신제품 광고를 큼직하게 냈습니다. [ ]

25 나는 수첩을 뒤져 그의 전화 番號와 주소를 찾았습니다. [ ]

26 컴퓨터 덕택으로 한글 書體가 다양하게 개발되었습니다. [ ]

27 원유 가격 급등에 따른 石油 파동이 예상됩니다. [ ]

28 평행한 두 直線은 결코 만날 수 없습니다. [ ]

29 그 집 딸은 둘도 없는 孝女라고 평판이 나 있습니다. [ ]

30 그 집 아들은 벌써 구구법을 외울 정도로 英特했습니다. [ ]

31 그는 내 키가 작다는 理由만으로 나를 업신여깁니다. [ ]

32 우리는 각자 사과주스와 레몬수를 注文했습니다. [ ]

33 어두워지자 아파트 窓門마다 하나둘 불이 켜졌습니다. [ ]

02 다음 漢字의 訓과 音을 쓰세요. (34~55)

보기: 字 → 글자 자

34 班 [ ]		35 席 [ ]	
36 清 [ ]		37 短 [ ]	
38 形 [ ]		39 愛 [ ]	
40 交 [ ]		41 術 [ ]	
42 計 [ ]		43 向 [ ]	
44 科 [ ]		45 表 [ ]	
46 始 [ ]		47 待 [ ]	
48 運 [ ]		49 第 [ ]	
50 洋 [ ]		51 郡 [ ]	
52 習 [ ]		53 根 [ ]	
54 雪 [ ]		55 本 [ ]	

03 다음 漢字와 뜻이 반대(또는 상대)되는 것을 골라 그 번호를 쓰세요. (56~58)

56 近 : ① 區 ② 遠 ③ 左 ④ 前 [ ]

57 孫 : ① 米 ② 球 ③ 重 ④ 祖 [ ]

58 晝 : ① 夜 ② 弱 ③ 軍 ④ 弟 [ ]

04 다음 漢字와 뜻이 같거나 비슷한 것을 골라 그 번호를 쓰세요. (59~60)

59 服 : ① 昨 ② 地 ③ 消 ④ 衣 [ ]

60 急 : ① 速 ② 等 ③ 邑 ④ 反 [ ]

05 다음 漢字와 소리(音)는 같으나 뜻(訓)이 다른 것을 골라 그 번호를 쓰세요. (61~62)

61 高 : ① 式 ② 古 ③ 親 ④ 外 [ ]

62 族 : ① 業 ② 部 ③ 朝 ④ 足 [ ]

06 다음 사자성어의 ( ) 안에 알맞은 漢字를 〈보기〉에서 찾아 그 번호를 쓰세요. (63~65)

보기:
① 夏 ② 命 ③ 信 ④ 作
⑤ 發 ⑥ 對 ⑦ 幸 ⑧ 省

63 ( )心三日 : 단단히 먹은 마음이 사흘을 가지 못한다는 뜻으로, 결심이 굳지 못함을 이르는 말.

64 千萬多( ) : 아주 다행함.

65 人( )在天 : 사람의 목숨은 하늘에 달려 있다는 뜻.

07 다음 뜻에 맞는 漢字語를 〈보기〉에서 찾아 그 번호를 쓰세요. (66~67)

보기:
① 食數 ② 同和 ③ 童話
④ 植樹 ⑤ 食水 ⑥ 童畫

66 아동이 그린 그림. [ ]

67 나무를 심음. [ ]

08 다음 밑줄 친 漢字語를 漢字로 쓰세요. (68~87)

보기: 한자 → 漢字

68 그는 매사에 너무 성급하게 행동하는 경향이 있습니다. [ ]

69 이 공책은 폐휴지를 모아 만든 재활용품입니다. [ ]

70 그녀의 노래 실력은 가수가 되기엔 아직 멀었습니다. [ ]

71 그곳은 하도 외져서 드나드는 차편도 드뭅니다. [ ]

72 나는 추석 연휴 때 극장에 가서 영화를 보았습니다. [ ]

73 평균 수명이 늘어 노년층의 인구가 증가하였습니다. [ ]

74 학생들은 모두 2번이 정답이라고 생각했습니다. [ ]

75 국경일이어서 건물마다 국기가 게양되어 있습니다. [ ]

76 그는 역도의 인상 종목에서 세계 신기록을 세웠습니다. [ ]

77 제주도는 천혜의 절경을 자랑하고 있는 관광의 명소입니다. [ ]

78 우리 농장에서는 농약을 쓰지 않습니다. [ ]

79 그는 여러 방면에 다재다능한 사람입니다. [ ]

80 산림을 보호하기 위하여 등산객들의 입산을 제한합니다. [ ]

81 오늘은 개교기념행사로 책가방 없이 등교합니다. [ ]

82 이 문은 사람이 가까이 다가서면 자동으로 열립니다. [ ]

83 오늘 마을 회의는 이장 집에서 열렸습니다. [ ]

84 두 아이는 사이좋게 셈 공부를 하고 있습니다. [ ]

85 자책점은 방어율을 산출하는 기초가 됩니다. [ ]

86 한 시간 동안 기다렸지만 그를 만나지 못했습니다. [ ]

87 그는 고향을 떠나 멀리 타국에 안주하였습니다. [ ]

09 다음 漢字에서 진하게 표시한 획은 몇 번째 쓰는지 〈보기〉에서 찾아 그 번호를 쓰세요. (88~90)

보기		
	① 첫 번째	② 두 번째
	③ 세 번째	④ 네 번째
	⑤ 다섯 번째	⑥ 여섯 번째
	⑦ 일곱 번째	⑧ 여덟 번째
	⑨ 아홉 번째	⑩ 열 번째
	⑪ 열한 번째	

88 花 [ ]

89  [ ]

90  [ ]

제107회 2024. 11. 09 시행

(社) 한국어문회 주관·한국한자능력검정회 시행

한자능력검정시험 6급 기출문제

문 항 수 : 90문항
합격문항 : 63문항
제한시간 : 50분

01 다음 밑줄 친 漢字語의 讀音을 쓰세요. (1~33)

보기 | 漢字 → 한자

1 선생님은 出席을 부르면서 아이들 한 명 한 명과 눈을 마주쳤습니다. [ ]

2 훌륭한 전통은 後代로 내려갈수록 더욱 발전해 나갑니다. [ ]

3 수입 開放으로 외국 농산물이 밀려들어 오고 있습니다. [ ]

4 그 식당의 주방은 유리벽으로 되어 있어 內部가 훤히 들여다보입니다. [ ]

5 내일은 결승전에 나갈 勝者를 가리는 경기가 펼쳐집니다. [ ]

6 색의 밝고 어두운 정도를 明度라고 합니다. [ ]

7 두 도시를 直線으로 연결하는 새 도로가 완공되었습니다. [ ]

8 아군은 높은 곳의 地利를 잘 이용하여 적을 물리쳤습니다. [ ]

9 옛날 선비들이 愛用하던 부채는 풍류와 멋의 상징이기도 했습니다. [ ]

10 새벽 青果 시장은 물건을 팔고 사는 상인들로 활기에 차 있었습니다. [ ]

11 어머니가 차려 주시는 밥상은 대부분 제철 飮食입니다. [ ]

12 결승전에 오른 양 팀은 실력이 對等해서 결과를 예상하기 어렵습니다. [ ]

13 우리나라의 서남쪽은 平野가 잘 발달되어 있습니다. [ ]

14 대전은 영남과 호남이 갈라지는 交通의 요지입니다. [ ]

15 마을 앞에 새로 난 길은 왕복 4車路입니다. [ ]

16 철수와 영수는 오랫동안 苦樂을 함께 나눈 친구였습니다. [ ]

17 그녀는 건강상의 理由로 잠시 일을 그만두게 되었습니다. [ ]

18 심판은 경기 시작을 알리는 信號로 호각을 길게 불었습니다. [ ]

19 삼촌은 醫科 대학을 졸업하고 마침내 의사가 되었습니다. [ ]

20 두 나라는 이번 문제를 해결하기 위해 特使를 교환하기로 하였습니다. [ ]

21 요즘에는 지자체마다 지역 사랑 상품권을 發行하고 있습니다. [ ]

22 보일러가 고장이 나서 溫水가 나오지 않습니다. [ ]

23 우리 반은 옆 반과 다음 주 수요일에 축구 시합을 하기로 合意하였습니다. [ ]

24 이 골목 끝에 있는 綠色 대문 집이 철수네 집입니다. [ ]

25 흰옷을 즐겨입던 우리 민족을 白衣민족이라고도 합니다. [ ]

26 그녀는 서울 생활을 淸算하고 고향으로 내려갔습니다. [ ]

27 나는 도서관에 가서 세계 문학 全集을 읽었습니다. [ ]

28 서당 훈장님의 父親께서는 독립 운동가셨다고 합니다. [ ]

29 춤은 마음속에 일어나는 느낌을 동작으로 表現하는 예술입니다. [ ]

30 놀부는 동생 흥부와 동네 사람들에게 온갖 못된 心術을 부렸습니다. [ ]

31 전학을 가는 영철이는 손을 흔들며 친구들에게 作別 인사를 했습니다. [ ]

32 그 사람은 黃金이나 권력보다 의리를 존중히 여기는 사람입니다. [ ]

33 어려울 줄 알았던 계약이 의외로 쉽게 成事되었습니다. [ ]

02 다음 漢字의 訓과 音을 쓰세요. (34~55)

보기: 字 → 글자 자

34 英 [ ]	35 美 [ ]
36 級 [ ]	37 樹 [ ]
38 畫 [ ]	39 定 [ ]
40 永 [ ]	41 向 [ ]
42 米 [ ]	43 章 [ ]
44 急 [ ]	45 強 [ ]
46 球 [ ]	47 社 [ ]
48 速 [ ]	49 習 [ ]
50 計 [ ]	51 目 [ ]
52 聞 [ ]	53 始 [ ]
54 晝 [ ]	55 夜 [ ]

03 다음 漢字와 뜻이 반대(또는 상대)되는 것을 골라 그 번호를 쓰세요. (56~58)

56 多 : ① 園 ② 少 ③ 銀 ④ 朴 [ ]

57 古 : ① 今 ② 第 ③ 孫 ④ 各 [ ]

58 朝 : ① 才 ② 角 ③ 夕 ④ 公 [ ]

04 다음 漢字와 뜻이 같거나 비슷한 것을 골라 그 번호를 쓰세요. (59~60)

59 根 : ① 式 ② 番 ③ 本 ④ 病 [ ]

60 郡 : ① 省 ② 邑 ③ 陽 ④ 洋 [ ]

05 다음 漢字와 소리(音)는 같으나 뜻(訓)이 다른 것을 골라 그 번호를 쓰세요. (61~62)

61 例 : ① 李 ② 區 ③ 禮 ④ 油 [ ]

62 族 : ① 足 ② 界 ③ 堂 ④ 近 [ ]

06 다음 사자성어의 ( ) 안에 알맞은 漢字를 〈보기〉에서 찾아 그 번호를 쓰세요. (63~65)

보기

① 言	② 天	③ 共	④ 遠
⑤ 失	⑥ 京	⑦ 光	⑧ 太

63 電( )石火 : 번갯불과 부싯돌의 불.

64 同生( )死 : 서로 같이 살고 같이 죽음.

65 人命在( ) : 사람의 목숨은 하늘에 달려 있음.

07 다음 뜻에 맞는 漢字語를 〈보기〉에서 찾아 그 번호를 쓰세요. (66~67)

보기

① 體感	② 下待	③ 冬服
④ 中窓	⑤ 話頭	⑥ 海戰

66 이야기의 말머리. [ ]

67 몸으로 어떤 감각을 느낌. [ ]

08 다음 밑줄 친 漢字語를 漢字로 쓰세요. (68~87)

보기: 한자 → 漢字

68 그 백화점의 개점 시간은 오전 10시입니다. [ ]

69 기관사는 전동차의 제어 장치를 수동으로 바꾸었습니다. [ ]

70 동생은 휴일마다 놀이동산을 가자고 아버지를 졸랐습니다. [ ]

71 마을 앞 도로 공사는 내년 봄 쯤 완공될 예정입니다. [ ]

72 뭐니 뭐니 해도 우리집이 제일 <u>편안</u>합니다. [ ]

73 설악산은 골이 깊고 경치가 빼어나기로 <u>유명</u>합니다. [ ]

74 오늘 <u>수학</u> 시간에는 삼각자와 컴퍼스가 필요합니다. [ ]

75 올림픽 개막식에서 참가국들이 알파벳순으로 <u>입장</u>하였습니다. [ ]

76 우리 마을 <u>이장</u>님은 마을에서 생긴 일들에 대해 모르는 게 없습니다. [ ]

77 우리나라를 상징하는 <u>국기</u>는 태극기입니다. [ ]

78 우리는 예로부터 예절 <u>교육</u>을 중요하게 여겨 왔습니다. [ ]

79 우리집 실내는 건조해서 <u>화초</u>에 물을 자주 줍니다. [ ]

80 이번 여름방학에 <u>외가</u>에 가서 외할머니를 뵈었습니다. [ ]

81 <u>주소</u>를 잘못 써서 영수에게 보낸 편지가 반송되었습니다. [ ]

82 창수는 머리도 식힐 겸 맑은 <u>공기</u>를 마시러 뒷산에 올랐습니다. [ ]

83 철수가 교실 복도를 뛰어가다 영희와 <u>정면</u>으로 부딪쳤습니다. [ ]

84 토요일 <u>오전</u>부터 비가 내리기 시작했습니다. [ ]

85 한자는 조금씩 꾸준히 <u>공부</u>하는 것이 좋습니다. [ ]

86 할아버지 <u>춘추</u>는 80세를 넘기셨지만 아직도 건강하십니다. [ ]

87 화제가 <u>자연</u>스럽게 요리에 대한 이야기로 흘러갔습니다. [ ]

09 다음 漢字에서 진하게 표시한 획은 몇 번째 쓰는지 〈보기〉에서 찾아 그 번호를 쓰세요. (88~90)

보기

① 첫 번째	② 두 번째
③ 세 번째	④ 네 번째
⑤ 다섯 번째	⑥ 여섯 번째
⑦ 일곱 번째	⑧ 여덟 번째
⑨ 아홉 번째	⑩ 열 번째

88 弱 [ ]

89 勇 [ ]

90 庭 [ ]

(社) 한국어문회 주관·한국한자능력검정회 시행

제108회 한자능력검정시험 6급 기출문제

2025. 02. 22 시행

문 항 수 : 90문항
합격문항 : 63문항
제한시간 : 50분

01 다음 밑줄 친 漢字語의 讀音을 쓰세요. (1~33)

보기: 漢字 → 한자

1 이 사람의 孝行은 널리 모범이 되므로 이를 표창합니다. [ ]

2 窓門을 여닫을 때마다 찬바람이 들어옵니다. [ ]

3 소화기 환자에게는 米飮이나 묽게 쑨 죽이 좋습니다. [ ]

4 우리 식당은 도서관에서 공부하는 학생들이 자주 愛用합니다. [ ]

5 할아버지는 庭園에 나무를 몇 그루 심었습니다. [ ]

6 現代에는 모든 통신 수단이 과학화되어 있습니다. [ ]

7 먼저 원을 그린 다음 가운데에 直線을 그리세요. [ ]

8 김 선생은 아이들을 여러 角度에서 평가하려고 노력합니다. [ ]

9 그녀는 화살을 정확히 표적에 命中시켰습니다. [ ]

10 무 한 개당 가격이 昨年 대비 20퍼센트 정도 올랐습니다. [ ]

11 학생들의 太半이 지각을 하자 선생이 몹시 화가 났습니다. [ ]

12 트럭 한 대가 주차장 通路를 막고 서 있습니다. [ ]

13 그들은 집안에 幸運이 깃들기를 기원하였습니다. [ ]

14 지난주 일어났던 대형 사고의 根本 원인이 밝혀졌습니다. [ ]

15 그는 네 살에 벌써 천자문을 뗀 神童입니다. [ ]

16 그는 과거의 잘못을 뼈아프게 反省하고 있습니다. [ ]

17 그는 자신의 노력이 不足했음을 스스로 인정하였습니다. [ ]

18 우리나라에서는 石油가 생산되지 않습니다. [ ]

19 그는 正午가 가까운 시각에야 일어났습니다. [ ]

20 우리는 각자 사과주스와 레몬수를 注文했습니다. [ ]

21 오늘은 수학 시간에 여러 가지 圖形에 대해 배웠습니다. [ ]

22 강물에 붉은 夕陽이 내려앉고 있습니다. [ ]

23 할아버지께서는 모든 孫子를 귀여워하셨습니다. [ ]

24 교장 선생님은 개교 100주년 기념植樹를 하셨습니다. [ ]

25 봄이 되면서 꽁꽁 얼었던 땅이 녹기 始作합니다. [ ]

26 우리 호텔에서는 朝食을 뷔페식으로 제공합니다. [ ]

27 우리 집안의 先祖 가운데 벼슬하신 분들이 많습니다. [ ]

28 그곳은 풍치가 아름답고 기후가 溫和합니다. [ ]

29 모든 사람은 법 앞에서 平等해야 합니다. [ ]

30 종의 表面에 새겨진 그림이 매우 아름답습니다. [ ]

31 불이 난 지 30분 만에 消火 작업이 끝났습니다. [ ]

32 녹색 <u>信號</u>가 되자 아이들은 건널목을 건너갑니다. [ ]

33 아버지께서는 새벽마다 뒷산에 가서 <u>藥水</u>를 떠 오십니다. [ ]

02 다음 漢字의 訓과 音을 쓰세요. (34~55)

보기: 字 → 글자 자

34 洋 [ ]	35 班 [ ]
36 京 [ ]	37 淸 [ ]
38 新 [ ]	39 交 [ ]
40 術 [ ]	41 科 [ ]
42 分 [ ]	43 待 [ ]
44 雪 [ ]	45 開 [ ]
46 黃 [ ]	47 族 [ ]
48 頭 [ ]	49 放 [ ]
50 勇 [ ]	51 定 [ ]
52 春 [ ]	53 風 [ ]
54 野 [ ]	55 部 [ ]

03 다음 漢字와 뜻이 반대(또는 상대)되는 것을 골라 그 번호를 쓰세요. (56~58)

56 遠 : ① 敎 ② 銀 ③ 失 ④ 近 [ ]

57 長 : ① 番 ② 短 ③ 例 ④ 朴 [ ]

58 晝 : ① 病 ② 夜 ③ 郡 ④ 秋 [ ]

04 다음 漢字와 뜻이 같거나 비슷한 것을 골라 그 번호를 쓰세요. (59~60)

59 急 : ① 速 ② 永 ③ 式 ④ 題 [ ]

60 集 : ① 晝 ② 算 ③ 發 ④ 會 [ ]

05 다음 漢字와 소리(音)는 같으나 뜻(訓)이 다른 것을 골라 그 번호를 쓰세요. (61~62)

61 球 : ① 感 ② 世 ③ 口 ④ 弱 [ ]

62 有 : ① 聞 ② 由 ③ 邑 ④ 多 [ ]

06 다음 사자성어의 (   ) 안에 알맞은 漢字를 〈보기〉에서 찾아 그 번호를 쓰세요. (63~65)

보기: ① 社 ② 明 ③ 死 ④ 各 ⑤ 白 ⑥ 自 ⑦ 者 ⑧ 名

63 生(   )苦樂 : 삶과 죽음, 괴로움과 즐거움을 통틀어 이르는 말.

64 (   )山大川 : 이름난 산과 큰 내.

65 (   )手成家 : 물려받은 재산이 없이 자기 혼자의 힘으로 집안을 일으키고 재산을 모음.

07 다음 뜻에 맞는 漢字語를 〈보기〉에서 찾아 그 번호를 쓰세요. (66~67)

보기: ① 學習 ② 書堂 ③ 冬服 ④ 勝戰 ⑤ 育林 ⑥ 電車

66 싸움에서 이김. [ ]

67 겨울철에 입는 옷. [ ]

08 다음 밑줄 친 漢字語를 漢字로 쓰세요. (68~87)

보기: <u>한자</u> → 漢字

68 우리 초등학교는 <u>도내</u>에서 역사가 가장 오래됐습니다. [ ]

69 그는 추운 <u>지방</u> 출신이라서 추위를 타지 않습니다. [ ]

70 할아버지께서는 중학교 <u>교가</u>를 아직도 기억하십니다. [ ]

71 연금 제도는 노후 복지를 위한 것입니다. [ ]

72 나는 그와 전연 모르는 사이입니다. [ ]

73 경찰은 주민의 신고를 받고 긴급 출동하였습니다. [ ]

74 우리 부엌은 공간이 넓어서 쓰기에 편리합니다. [ ]

75 아내는 남편의 옷을 받아 옷걸이에 걸었습니다. [ ]

76 근래에는 농촌에서 도시로 이주하는 주민이 많습니다. [ ]

77 그는 서울 시립 교향악단의 악장을 맡게 되었습니다. [ ]

78 이 음식은 안심하고 드셔도 좋습니다. [ ]

79 그녀는 양보할 기색이 조금도 없었습니다. [ ]

80 요즘 농촌에서는 가을걷이가 한창입니다. [ ]

81 날씨가 추워지기 시작하자 어머니는 화초를 거실로 들여놓았습니다. [ ]

82 두 사람이 거의 동시에 결승점에 들어왔습니다. [ ]

83 우리 어머니는 매일 저녁 가계부를 쓰십니다. [ ]

84 직업란에는 구체적인 업종을 기입하십시오. [ ]

85 안전한 장소에서라면 낙엽을 태워도 됩니다. [ ]

86 철수가 제일 먼저 답지를 제출하고 나갑니다. [ ]

87 해녀가 물속에서 전복을 따고 있습니다. [ ]

09 다음 漢字에서 진하게 표시한 획은 몇 번째 쓰는지 〈보기〉에서 찾아 그 번호를 쓰세요. (88~90)

보기		
	① 첫 번째	② 두 번째
	③ 세 번째	④ 네 번째
	⑤ 다섯 번째	⑥ 여섯 번째
	⑦ 일곱 번째	⑧ 여덟 번째
	⑨ 아홉 번째	⑩ 열 번째

88 特 [ ]

89 席 [ ]

90 果 [ ]

제109회
2025. 05. 24 시행

(社) 한국어문회 주관·한국한자능력검정회 시행

한자능력검정시험 6급 기출문제

문 항 수 : 90문항
합격문항 : 63문항
제한시간 : 50분

01 다음 밑줄 친 漢字語의 讀音을 쓰세요. (1~33)

보기: 漢字 → 한자

1 그녀는 자신의 파란만장한 인생 行路를 책으로 엮었습니다. [ ]

2 세상에 죽지 않고 永遠히 살 수 있게 해 주는 약은 없습니다. [ ]

3 성격이 호탕한 박 사장은 社交에 능한 편입니다. [ ]

4 전쟁은 많은 문화유산들을 消失시킵니다. [ ]

5 10년 전에 만난 두 사람은 아직도 親分을 이어 오고 있습니다. [ ]

6 농악놀이를 통해 마을 사람들이 和合을 다졌습니다. [ ]

7 이순신은 왜군의 배 130여 척을 격파하여 大勝을 거두었습니다. [ ]

8 고구려의 始祖인 주몽은 알에서 태어났다고 합니다. [ ]

9 선생님께서 탈춤의 由來를 얘기해 주셨습니다. [ ]

10 배드민턴은 體力 소모가 많은 운동입니다. [ ]

11 실력이 對等한 양 팀의 경기라 승부를 예측하기 어렵습니다. [ ]

12 그는 자신의 조각 작품에 '소녀' 라는 題目을 붙였습니다. [ ]

13 할아버지께서는 모든 孫子를 귀여워하셨습니다. [ ]

14 바다에 안개가 잔뜩 끼어 하늘과 바다를 區別하기 어렵습니다. [ ]

15 이 그림은 아이들이 상상하는 우주를 表現한 것입니다. [ ]

16 이 화장실은 모든 시민이 쓸 수 있도록 開放된 곳입니다. [ ]

17 急所는 조금만 다쳐도 생명에 지장을 줄 수 있습니다. [ ]

18 소문은 삽시간에 번져서 近洞의 주민들을 놀라게 했습니다. [ ]

19 어머니는 몸살감기에 걸린 동생에게 米飮을 끓여 주셨습니다. [ ]

20 그는 이 호텔의 109號室에 묵고 있습니다. [ ]

21 친구들은 자기 고집대로만 하려는 영희에게 反感을 가졌습니다. [ ]

22 아침 무지개를 보다니 오늘은 運數가 좋을 모양입니다. [ ]

23 모처럼 나들이하시는 할머니께서 韓服을 곱게 차려입으셨습니다. [ ]

24 예로부터 강 하류에는 기름진 平野가 발달하였습니다. [ ]

25 여행을 떠나기 전에 內衣 몇 벌과 세면도구를 챙겼습니다. [ ]

26 오염된 하수를 강물에 함부로 버린 業者가 구속되었습니다. [ ]

27 이 춤은 動作을 크게 해야 활기차 보입니다. [ ]

28 도라지는 기침에 잘 들어 藥用으로도 쓰입니다. [ ]

29 선생님께서 '참 잘했어요' 가 새겨진 圖章을 찍어 주셨습니다. [ ]

30 개인적인 이야기를 公席에서 하는 것은 적절하지 않습니다. [ ]

31 동생은 注意가 산만해 한자리에 가만히 있는 법이 없습니다. [ ]

32 우리 학교는 한 學級 당 학생 수가 20명씩입니다. [ ]

33 영철이는 열심히 했지만 원하는 成果를 얻지 못했습니다. [ ]

02 다음 漢字의 訓과 音을 쓰세요. (34~55)

보기: 字 → 글자 자

34 陽 [ ] 35 度 [ ]
36 醫 [ ] 37 利 [ ]
38 待 [ ] 39 禮 [ ]
40 堂 [ ] 41 強 [ ]
42 童 [ ] 43 雪 [ ]
44 英 [ ] 45 特 [ ]
46 油 [ ] 47 速 [ ]
48 京 [ ] 49 書 [ ]
50 在 [ ] 51 洋 [ ]
52 溫 [ ] 53 身 [ ]
54 術 [ ] 55 習 [ ]

03 다음 漢字와 뜻이 반대(또는 상대)되는 것을 골라 그 번호를 쓰세요. (56~58)

56 古 : ① 定 ② 今 ③ 朴 ④ 向 [ ]
57 苦 : ① 病 ② 美 ③ 代 ④ 樂 [ ]
58 朝 : ① 省 ② 夕 ③ 昨 ④ 會 [ ]

04 다음 漢字와 뜻이 같거나 비슷한 것을 골라 그 번호를 쓰세요. (59~60)

59 本 : ① 族 ② 園 ③ 銀 ④ 根 [ ]
60 郡 : ① 使 ② 短 ③ 綠 ④ 邑 [ ]

05 다음 漢字와 소리(音)는 같으나 뜻(訓)이 다른 것을 골라 그 번호를 쓰세요. (61~62)

61 命 : ① 明 ② 李 ③ 晝 ④ 太 [ ]
62 話 : ① 聞 ② 畫 ③ 角 ④ 言 [ ]

06 다음 사자성어의 ( ) 안에 알맞은 漢字를 〈보기〉에서 찾아 그 번호를 쓰세요. (63~65)

보기: ① 庭 ② 番 ③ 火 ④ 黃 ⑤ 式 ⑥ 萬 ⑦ 信 ⑧ 共

63 千( )多幸 : 아주 다행함.
64 同生( )死 : 서로 같이 살고 같이 죽음.
65 電光石( ) : 번갯불과 부싯돌의 불.

07 다음 뜻에 맞는 漢字語를 〈보기〉에서 찾아 그 번호를 쓰세요. (66~67)

보기: ① 例事 ② 通風 ③ 植樹 ④ 愛重 ⑤ 語頭 ⑥ 清算

66 말의 첫머리. [ ]
67 바람이 통함. [ ]

08 다음 밑줄 친 漢字語를 漢字로 쓰세요. (68~87)

보기: 한자 → 漢字

68 가격이 비싼 이 제품은 소비자들로부터 외면을 당해 왔습니다. [ ]

69 가장 더운 날에 전기가 나가서 시민들이 큰 불편을 겪었습니다. [ ]

70 강원도 산간 지방에서는 밭농사를 많이 짓습니다. [ ]

71 국회의원인 그는 항상 소신 발언을 하는 사람으로 유명합니다. [ ]

72 그 마을의 <u>촌장</u>님은 여자분이셨습니다. [ ]

73 그 코미디언은 바보 흉내로 크게 <u>인기</u>를 끌었습니다. [ ]

74 꿀벌은 여왕벌을 <u>중심</u>으로 집단생활을 합니다. [ ]

75 드디어 적군이 <u>백기</u>를 들고 항복하였습니다. [ ]

76 마을 <u>입구</u>의 큰 느티나무는 언제 보아도 잘생겼습니다. [ ]

77 어머니께서는 어떤 상황에서도 <u>정직</u>함을 잃지 말라고 당부하셨습니다. [ ]

78 어진 임금들은 하늘을 공경하고 <u>백성</u>을 사랑했습니다. [ ]

79 요즘 가수 중에는 10대의 <u>청춘</u>스타도 많습니다. [ ]

80 우리 가족은 새해 첫날이면 동해로 <u>일출</u>을 보러 갑니다. [ ]

81 운동뿐만 아니라 <u>공부</u>도 잘하는 영희가 부럽기도 합니다. [ ]

82 의사 선생님은 이 약을 <u>식전</u>에 먹으라고 하였습니다. [ ]

83 인구가 많은 중국은 잠재력이 큰 수출 <u>시장</u>입니다. [ ]

84 자전거를 탈 때에는 항상 <u>안전</u> 수칙을 지켜야 합니다. [ ]

85 <u>자주</u>는 남의 보호나 간섭을 받지 않고 자기 일을 스스로 해 나가는 것입니다. [ ]

86 철수는 온 <u>천하</u>가 다 아는 일을 혼자만 모른다고 잡아뗐습니다. [ ]

87 할아버지께서는 조용한 산골로 내려가 <u>노후</u>를 보내고 계십니다. [ ]

09 다음 漢字에서 진하게 표시한 획은 몇 번째 쓰는지 〈보기〉에서 찾아 그 번호를 쓰세요. (88~90)

보기

① 첫 번째	② 두 번째
③ 세 번째	④ 네 번째
⑤ 다섯 번째	⑥ 여섯 번째
⑦ 일곱 번째	⑧ 여덟 번째
⑨ 아홉 번째	⑩ 열 번째
⑪ 열한 번째	

88 夜 [ ]

89 球 [ ]

90 科 [ ]

제110회
2025. 08. 23 시행

(社) 한국어문회 주관 · 한국한자능력검정회 시행

한자능력검정시험 6급 기출문제

문 항 수 : 90문항
합격문항 : 63문항
제한시간 : 50분

01 다음 밑줄 친 漢字語의 讀音을 쓰세요. (1~33)

보기 | 漢字 → 한자

1 夏服을 입기엔 아직 날씨가 좀 쌀쌀합니다. [ ]

2 〈아리랑〉은 우리 민요의 代表로 손꼽힙니다. [ ]

3 서 선생님은 백자의 은은한 色感을 좋아하십니다. [ ]

4 봄이 오니 陽地 쪽에 아지랑이가 모락모락 피어오릅니다. [ ]

5 그녀는 외국어 特別 전형으로 불문과에 진학했습니다. [ ]

6 이 약은 이번에 새로 개발한 新藥입니다. [ ]

7 여러분, 기차표에서 좌석 番號 좀 확인해 주세요. [ ]

8 따뜻한 남서풍이 불면서 낮 氣溫이 크게 올랐습니다. [ ]

9 걷는 것이야말로 가장 좋은 運動입니다. [ ]

10 트럭 한 대가 주차장 通路를 막고 서 있습니다. [ ]

11 이번 주에는 과학관에 방문하여 체험 學習을 할 예정입니다. [ ]

12 우리 반은 이번 운동회에서 農樂을 연주할 예정입니다. [ ]

13 초등학생 선희는 이미 수영의 유망주로 注目을 받고 있습니다. [ ]

14 현재 醫術로는 이 병을 치유할 방법이 없습니다. [ ]

15 올해 들어 프로 野球 인기가 매우 높아졌습니다. [ ]

16 우리나라 경제는 石油에 크게 의존하고 있습니다. [ ]

17 失禮를 무릅쓰고 한 가지만 더 여쭤보겠습니다. [ ]

18 우리 가족은 이모의 떡집 開業을 축하하러 갔습니다. [ ]

19 우리 팀은 신인 선수들의 대활약으로 勝利했습니다. [ ]

20 모두 그 아이를 가리켜 神童이 났다고 했습니다. [ ]

21 그는 遠洋 어선에서 일한 경력이 있습니다. [ ]

22 선생님께서는 반장에게 出席을 부르게 하셨습니다. [ ]

23 고양이가 실뭉치를 가지고 노는 모습이 平和로워 보였습니다. [ ]

24 어머니는 오늘 同窓 모임이 있다고 하셨습니다. [ ]

25 지리산 청학동에는 아직도 書堂이 있습니다. [ ]

26 그는 信用 카드로 병원비를 결제했습니다. [ ]

27 우리들은 번호대로 운동장에 集合하였습니다. [ ]

28 각 가정에서는 消火기를 하나씩 꼭 비치해야만 합니다. [ ]

29 現在의 월급으로는 최소한의 생계비에도 못 미칩니다. [ ]

30 조카는 昨年 이맘때에 비해 키가 부쩍 컸습니다. [ ]

31 그 선수는 어렸을 때부터 남다른 <u>頭角</u>을 보여 왔습니다. [ ]

32 여야의 <u>對立</u>으로 국회 개원이 늦어지고 있습니다. [ ]

33 우리 식당은 <u>等級</u>이 가장 높은 쇠고기만 사용합니다. [ ]

02 다음 漢字의 訓과 音을 쓰세요. (34~55)

보기: 字 → 글자 자

34 直 [ ]	35 線 [ ]
36 愛 [ ]	37 親 [ ]
38 族 [ ]	39 白 [ ]
40 雪 [ ]	41 始 [ ]
42 祖 [ ]	43 黃 [ ]
44 幸 [ ]	45 勇 [ ]
46 使 [ ]	47 風 [ ]
48 放 [ ]	49 部 [ ]
50 米 [ ]	51 邑 [ ]
52 根 [ ]	53 永 [ ]
54 近 [ ]	55 有 [ ]

03 다음 漢字와 뜻이 반대(또는 상대)되는 것을 골라 그 번호를 쓰세요. (56~58)

56 長 : ① 先 ② 場 ③ 章 ④ 短 [ ]

57 死 : ① 病 ② 活 ③ 足 ④ 界 [ ]

58 夜 : ① 光 ② 六 ③ 晝 ④ 畫 [ ]

04 다음 漢字와 뜻이 같거나 비슷한 것을 골라 그 번호를 쓰세요. (59~60)

59 急 : ① 朴 ② 冬 ③ 速 ④ 京 [ ]

60 便 : ① 安 ② 女 ③ 分 ④ 北 [ ]

05 다음 漢字와 소리(音)는 같으나 뜻(訓)이 다른 것을 골라 그 번호를 쓰세요. (61~62)

61 旗 : ① 果 ② 記 ③ 太 ④ 洞 [ ]

62 班 : ① 行 ② 本 ③ 半 ④ 共 [ ]

06 다음 사자성어의 (   ) 안에 알맞은 漢字를 〈보기〉에서 찾아 그 번호를 쓰세요. (63~65)

보기: ① 省 ② 圖 ③ 度 ④ 成 ⑤ 水 ⑥ 手 ⑦ 一 ⑧ 日

63 門前(   )市 : 찾아오는 사람이 많아 집 문 앞이 시장을 이룸.

64 各自(   )生 : 제각기 살아 나갈 방법을 꾀함.

65 作心三(   ) : 단단히 먹은 마음이 사흘을 가지 못함.

07 다음 뜻에 맞는 漢字語를 〈보기〉에서 찾아 그 번호를 쓰세요. (66~67)

보기: ① 發明 ② 苦戰 ③ 育林 ④ 植樹 ⑤ 多飮 ⑥ 例事

66 보통 있는 일. [ ]

67 나무를 심음. 또는 심은 나무. [ ]

08 다음 밑줄 친 漢字語를 漢字로 쓰세요. (68~87)

보기: <u>한자</u> → 漢字

68 신호가 바뀌자 사람들이 빠른 걸음으로 <u>차도</u>를 건너갑니다. [ ]

69 길에서 승합차와 트럭이 <u>정면</u>으로 충돌했습니다. [ ]

70 오늘 월급이 내 통장으로 <u>입금</u>되었습니다. [ ]

71 우리 회사의 월급은 전산으로 처리됩니다. [ ]

72 영수가 내일 등산을 가자고 제안했습니다. [ ]

73 우리나라 비무장 지대에는 민가가 하나도 없습니다. [ ]

74 저녁을 먹은 후 후식으로 귤을 먹었습니다. [ ]

75 동해의 일출 모습은 항상 봐도 정말 멋있습니다. [ ]

76 여러분, 공원 안에 휴지를 함부로 버리지 마세요. [ ]

77 그녀는 화살을 표적에 정확히 명중시켰습니다. [ ]

78 탁구는 넓지 않은 공간에서도 할 수 있는 운동입니다. [ ]

79 완전군장을 한 용사들이 군가를 부르며 행진합니다. [ ]

80 나는 노모의 거칠어진 손을 보고 서글펐습니다. [ ]

81 학교 화단에는 많은 화초들이 자라고 있습니다. [ ]

82 인공지능의 발달로 세상이 급격하게 바뀌고 있습니다. [ ]

83 이번 추석에는 외할아버지 댁으로 갈 예정입니다. [ ]

84 언니가 결혼해서 나도 이제 형부가 생겼습니다. [ ]

85 우리 집은 거리 주소로 바뀌었습니다. [ ]

86 철수와 나는 매월 한 번씩 만나기로 하였습니다. [ ]

87 이번 달 우리 집 전기세는 십만 원이 나왔습니다. [ ]

09 다음 漢字에서 진하게 표시한 획은 몇 번째 쓰는지 〈보기〉에서 찾아 그 번호를 쓰세요. (88~90)

보기		
	① 첫 번째	② 두 번째
	③ 세 번째	④ 네 번째
	⑤ 다섯 번째	⑥ 여섯 번째
	⑦ 일곱 번째	⑧ 여덟 번째
	⑨ 아홉 번째	⑩ 열 번째

88 庭 [ ]

89  [ ]

90 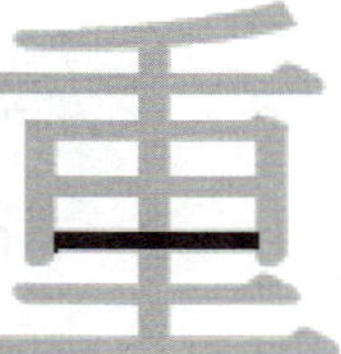 [ ]

제111회 2025. 11. 15 시행

(社) 한국어문회 주관·한국한자능력검정회 시행

한자능력검정시험 6급 기출문제

문 항 수 : 90문항
합격문항 : 63문항
제한시간 : 50분

01 다음 밑줄 친 漢字語의 讀音을 쓰세요. (1~33)

보기: 漢字 → 한자

1 오늘 결정은 우리의 運命을 뒤바뀌게 할 만큼 중요한 것입니다. [ ]

2 도와주려던 것이 本意 아니게 폐가 되었습니다. [ ]

3 콜레라는 일단 發病되면 무섭게 전염됩니다. [ ]

4 사람들은 박 선비의 말에 感服하고 그의 사려 깊음을 칭찬했습니다. [ ]

5 외국에 사는 삼촌은 매주 한 번씩 할머니와 通話를 합니다. [ ]

6 아이는 추운 날 內衣를 입지 않고 밖에서 놀다 감기에 걸렸습니다. [ ]

7 오랜만에 철수를 만난 영희는 인사를 代身해 활짝 웃었습니다. [ ]

8 일행은 南行 열차를 타고 구례로 출발하였습니다. [ ]

9 합격자 명단은 개인에게만 통고하고 公表하지는 않습니다. [ ]

10 이 도로의 차선은 夜光 페인트를 사용하여 밤에도 선명하게 보입니다. [ ]

11 우리 동네 우물가는 아낙네들이 모여 親交를 나누던 장소였습니다. [ ]

12 그는 급성 맹장염에 걸려 手術을 받았습니다. [ ]

13 영수는 多急한 용무가 생겨서 철수와 한 약속 장소에 나갈 수 없었습니다. [ ]

14 그녀는 고해 성사를 통해 자신의 죄를 神父님께 고백했습니다. [ ]

15 그가 소개한 식당은 꽤 高級 음식점에 속해 보였습니다. [ ]

16 한낮의 溫度가 30도를 넘는 무더운 날씨가 계속되고 있습니다. [ ]

17 정의와 불의는 서로 對立되는 개념입니다. [ ]

18 어머니는 감기에 걸린 동생을 위해 米飮을 끓였습니다. [ ]

19 사회가 전문화되면서 여성의 지위가 向上되는 추세입니다. [ ]

20 삼촌은 일 년 중 太半을 외국에 출장을 나가 있습니다. [ ]

21 예전에 使用했던 컴퓨터는 처리 속도가 너무 느렸습니다. [ ]

22 그는 물리학 분야에서 세계적으로 이름 있는 學者입니다. [ ]

23 영희는 살을 빼기로 作定한 후 매일 1시간씩 줄넘기를 합니다. [ ]

24 오늘은 날씨가 淸明하여 나들이 하기 딱 좋은 날입니다. [ ]

25 임무를 마친 부대원들은 미리 약속된 다음 장소로 集合하였습니다. [ ]

26 출판사는 그 잡지를 每號 20만 부씩 발행하였습니다. [ ]

27 그 당시는 新式 결혼식을 올리는 사례가 드물었습니다. [ ]

28 여름이 되자 밭에 심은 감자의 綠色 잎이 무성해졌습니다. [ ]

29 태권도는 주로 下體를 사용하는 기술이 많은 운동입니다. [ ]

30 이 기계는 바람개비를 이용하여 風速을 잽니다. [ ]

31 그는 교통사고를 당하여 外科 수술을 받았습니다. [ ]

32 마을 뒷산에 있는 藥水터는 언제나 많은 사람들로 북적댑니다. [ ]

33 생소한 단어는 例文과 함께 익히면 효과적입니다. [ ]

02 다음 漢字의 訓과 音을 쓰세요. (34~55)

보기 字 → 글자 자

34 形 [ ] 35 童 [ ]
36 雪 [ ] 37 題 [ ]
38 近 [ ] 39 書 [ ]
40 晝 [ ] 41 朝 [ ]
42 洋 [ ] 43 園 [ ]
44 堂 [ ] 45 注 [ ]
46 永 [ ] 47 功 [ ]
48 油 [ ] 49 郡 [ ]
50 和 [ ] 51 英 [ ]
52 死 [ ] 53 業 [ ]
54 李 [ ] 55 愛 [ ]

03 다음 漢字와 뜻이 반대(또는 상대)되는 것을 골라 그 번호를 쓰세요. (56~58)

56 祖 : ① 路 ② 孫 ③ 番 ④ 晝 [ ]
57 強 : ① 石 ② 放 ③ 弱 ④ 禮 [ ]
58 古 : ① 今 ② 共 ③ 幸 ④ 始 [ ]

04 다음 漢字와 뜻이 같거나 비슷한 것을 골라 그 번호를 쓰세요. (59~60)

59 樹 : ① 京 ② 失 ③ 林 ④ 席 [ ]
60 區 : ① 習 ② 各 ③ 別 ④ 銀 [ ]

05 다음 漢字와 소리(音)는 같으나 뜻(訓)이 다른 것을 골라 그 번호를 쓰세요. (61~62)

61 消 : ① 所 ② 黃 ③ 由 ④ 陽 [ ]
62 場 : ① 章 ② 勇 ③ 果 ④ 開 [ ]

06 다음 사자성어의 ( ) 안에 알맞은 漢字를 〈보기〉에서 찾아 그 번호를 쓰세요. (63~65)

보기
① 根 ② 美 ③ 勝 ④ 目
⑤ 在 ⑥ 口 ⑦ 朴 ⑧ 千

63 一( )二言 : 한 입으로 두말을 함.
64 不遠( )里 : 천 리 길도 멀다고 여기지 않음.
65 百戰百( ) : 싸울 때마다 다 이김.

07 다음 뜻에 맞는 漢字語를 〈보기〉에서 찾아 그 번호를 쓰세요. (66~67)

보기
① 頭角 ② 部族 ③ 苦待
④ 軍醫 ⑤ 平野 ⑥ 特出

66 특별히 뛰어남. [ ]
67 평평하고 너른 들. [ ]

08 다음 밑줄 친 漢字語를 漢字로 쓰세요. (68~87)

보기 한자 → 漢字

68 그녀는 프랑스 왕립학교에서 무용 교육을 받았습니다. [ ]

69 그는 이번 사건의 유력한 용의자로 지목되었다. [ ]

70 날씨 이야기를 하다가 화제가 자연스럽게 여름휴가 쪽으로 넘어갔습니다. [ ]

71 박쥐같은 야행성 동물은 밤에 주로 <u>활동</u>을 합니다. [ ]

72 병졸들은 도적들의 소굴을 이중 <u>삼중</u>으로 포위했습니다. [ ]

73 붙박이장은 <u>공간</u>이 좁은 주택에 안성맞춤입니다. [ ]

74 비행기가 관제탑의 지시에 따라 활주로에 <u>안전</u>하게 착륙했습니다. [ ]

75 서울로 전학 간 철수가 잘 지낸다는 안부 <u>편지</u>를 보내왔습니다. [ ]

76 아버지는 퇴직 후에 농사를 지으려고 시골의 <u>토지</u>를 구입하셨습니다. [ ]

77 아쉽게도 고려청자의 비법은 <u>후세</u>로까지 이어지지 못했습니다. [ ]

78 예로부터 인심이 곧 <u>천심</u>이라 하였습니다. [ ]

79 옛날 어른들은 <u>농사</u>일이란 하루만 걸러도 티가 난다고 했습니다. [ ]

80 오랜만에 만난 영희는 여전히 <u>생기</u> 있고 발랄한 모습이었습니다. [ ]

81 외국 유명한 가수가 <u>내한</u> 공연을 하기 위해 입국하였습니다. [ ]

82 우리 연구소에는 예술과 인문학 <u>방면</u>의 전문가들이 많이 있습니다. [ ]

83 우리 팀은 경기 종료 <u>직전</u>에 결승골을 넣었습니다. [ ]

84 이 영화는 세계 전역에서 <u>동시</u>에 개봉되었습니다. [ ]

85 저녁 모임에 참석한 <u>명수</u>만큼 음료수를 준비했습니다. [ ]

86 전복은 미역이나 다시마 같은 <u>해초</u>를 먹고 삽니다. [ ]

87 할머니는 <u>연로</u>하셔서 먼 길을 가실 수가 없습니다. [ ]

09 다음 漢字에서 진하게 표시한 획은 몇 번째 쓰는지 〈보기〉에서 찾아 그 번호를 쓰세요. (88~90)

보기

① 첫 번째	② 두 번째
③ 세 번째	④ 네 번째
⑤ 다섯 번째	⑥ 여섯 번째
⑦ 일곱 번째	⑧ 여덟 번째
⑨ 아홉 번째	⑩ 열 번째

88 庭 [ ]

89 才 [ ]

90 秋 [ ]

한자능력검정시험 6급 기출문제 정답

【제104회】 기출문제(71p~73p)

1 대설　2 기자　3 두각　4 석양
5 은행　6 근본　7 민족　8 풍습
9 신용　10 전공　11 작년　12 영특
13 도리　14 직선　15 병실　16 반성
17 백미　18 정원　19 별세　20 미술
21 재경　22 과목　23 합석　24 유래
25 음식　26 신화　27 언동　28 태반
29 고학　30 발표　31 속도　32 온화
33 통로　34 나무 수　35 모을 집　36 법식 례
37 향할 향　38 아침 조　39 돌 석　40 친할 친
41 열 개　42 글 장　43 들을 문　44 손자 손
45 나타날 현　46 느낄 감　47 의원 의　48 사랑 애
49 큰바다 양　50 누를 황　51 사귈 교　52 기다릴 대
53 길 영　54 들 야　55 많을 다　56 ④
57 ③　58 ②　59 ④　60 ③
61 ③　62 ①　63 ⑧　64 ③
65 ⑤　66 ②　67 ④　68 少數
69 登山　70 青春　71 方面　72 家門
73 正午　74 時間　75 命中　76 立秋
77 空氣　78 場所　79 不孝　80 每月
81 校歌　82 農夫　83 先祖　84 然後
85 出入　86 海軍　87 旗手　88 ⑤
89 ⑥　90 ⑧

【제105회】 기출문제(74p~76p)

1 산정　2 고물　3 동창　4 구두
5 감복　6 백과　7 의향　8 집계
9 활용　10 발족　11 구별　12 직행
13 후손　14 불행　15 각도　16 수은
17 예외　18 수술　19 특색　20 용기
21 도표　22 신호　23 형식　24 한약
25 개업　26 학습　27 유래　28 대등
29 북풍　30 재야　31 속전　32 교대
33 영원　34 큰바다 양　35 따뜻할 온　36 쌀 미
37 겨레 족　38 아름다울 미　39 서울 경　40 클 태
41 강할 강　42 많을 다　43 뿌리 근　44 기름 유
45 길 로　46 병 병　47 자리 석　48 말씀 언
49 밤 야　50 누를 황　51 볕 양　52 푸를 록
53 동산 원　54 글 장　55 기다릴 대　56 ③ 合
57 ② 樂　58 ④ 今　59 ① 林　60 ② 邑
61 ① 時　62 ④ 晝　63 ④ 死　64 ⑧ 有
65 ⑥ 火　66 ④ 消失　67 ③ 先通　68 校旗
69 全力　70 命中　71 正面　72 天地
73 祖上　74 空間　75 場所　76 花草
77 平年　78 少數　79 登山　80 海軍
81 事前　82 入住　83 內心　84 自然
85 老人　86 農村　87 出動　88 ⑨
89 ⑥　90 ⑦

【제106회】 기출문제(77p~79p)

1 두각　2 낙승　3 각급　4 감전
5 개방　6 사별　7 정원　8 풍물
9 도장　10 초록　11 황토　12 집합
13 목례　14 용례　15 성과　16 온도
17 세계　18 병자　19 실신　20 고전
21 태양　22 통로　23 유리　24 신문
25 번호　26 서체　27 석유　28 직선
29 효녀　30 영특　31 이유　32 주문
33 창문　34 나눌 반　35 자리 석　36 맑을 청
37 짧을 단　38 모양 형　39 사랑 애　40 사귈 교
41 재주 술　42 셀 계　43 향할 향　44 과목 과
45 겉 표　46 비로소 시　47 기다릴 대　48 옮길 운
49 차례 제　50 큰바다 양　51 고을 군　52 익힐 습
53 뿌리 근　54 눈 설　55 근본 본　56 ②
57 ④　58 ①　59 ④　60 ①
61 ②　62 ④　63 ④　64 ⑦
65 ②　66 ⑥　67 ④　68 每事
69 休紙　70 歌手　71 車便　72 秋夕
73 老年　74 正答　75 國旗　76 力道
77 名所　78 農場　79 方面　80 山林
81 登校　82 自動　83 里長　84 工夫
85 算出　86 時間　87 安住　88 ⑧
89 ⑧　90 ⑤

【제107회】 기출문제(80p~82p)

1 출석　2 후대　3 개방　4 내부
5 승자　6 명도　7 직선　8 지리
9 애용　10 청과　11 음식　12 대등
13 평야　14 교통　15 차로　16 고락
17 이유　18 신호　19 의과　20 특사
21 발행　22 온수　23 합의　24 녹색
25 백의　26 청산　27 전집　28 부친
29 표현　30 심술　31 작별　32 황금
33 성사　34 꽃부리 영　35 아름다울 미　36 등급 급
37 나무 수　38 그림 화 | 그을 획(劃)　39 정할 정
40 길 영　41 향할 향　42 쌀 미　43 글 장
44 급할 급　45 강할 강　46 공 구　47 모일 사
48 빠를 속　49 익힐 습　50 셀 계　51 눈 목
52 들을 문　53 비로소 시　54 낮 주　55 밤 야
56 ②　57 ①　58 ③　59 ③
60 ②　61 ③　62 ①　63 ⑦
64 ③　65 ②　66 ⑤　67 ①
68 時間　69 手動　70 休日　71 來年
72 便安　73 有名　74 數學　75 入場
76 里長　77 國旗　78 敎育　79 花草
80 外家　81 住所　82 空氣　83 正面
84 午前　85 工夫　86 春秋　87 自然
88 ⑩　89 ⑧　90 ⑩

한자능력검정시험 6급 기출문제 정답

【제108회】 기출문제(83p~85p)

1 효행	2 창문	3 미음	4 애용
5 정원	6 현대	7 직선	8 각도
9 명중	10 작년	11 태반	12 통로
13 행운	14 근본	15 신동	16 반성
17 부족	18 석유	19 정오	20 주문
21 도형	22 석양	23 손자	24 식수
25 시작	26 조식	27 선조	28 온화
29 평등	30 표면	31 소화	32 신호
33 약수	34 큰바다 양	35 나눌 반	36 서울 경
37 맑을 청	38 새 신	39 사귈 교	40 재주 술
41 과목 과	42 나눌 분	43 기다릴 대	44 눈 설
45 열 개	46 누를 황	47 겨레 족	48 머리 두
49 넣을 방	50 날랠 용	51 정할 정	52 봄 춘
53 바람 풍	54 들 야	55 떼 부	56 ④
57 ②	58 ②	59 ①	60 ④
61 ③	62 ②	63 ③	64 ⑧
65 ⑥	66 ④	67 ③	68 道內
69 地方	70 校歌	71 老後	72 全然
73 出動	74 空間	75 男便	76 住民
77 市立	78 安心	79 氣色	80 農村
81 花草	82 同時	83 每日	84 記入
85 場所	86 答紙	87 海女	88 ⑨
89 ⑨	90 ⑥		

【제109회】 기출문제(86p~88p)

1 행로	2 영원	3 사교	4 소실
5 친분	6 화합	7 대승	8 시조
9 유래	10 체력	11 대등	12 제목
13 손자	14 구별	15 표현	16 개방
17 급소	18 근동	19 미음	20 호실
21 반감	22 운수	23 한복	24 평야
25 내의	26 업자	27 동작	28 약용
29 도장	30 공식	31 주의	32 학급
33 성과	34 별 양	35 법도 도 ㅣ 헤아릴 탁	
36 의원 의	37 이할 리	38 기다릴 대	39 예도 례
40 집 당	41 강할 강	42 아이 동	43 눈 설
44 꽃부리 영	45 특별할 특	46 기름 유	47 빠를 속
48 서울 경	49 글 서	50 있을 재	51 큰바다 양
52 따뜻할 온	53 몸 신	54 재주 술	55 익힐 습
56 ② 今	57 ④ 樂	58 ② 夕	59 ④ 根
60 ④ 邑	61 ① 明	62 ② 晝	63 ⑥ 萬
64 ⑧ 共	65 ③ 火	66 ⑤ 語頭	67 ② 通風
68 外面	69 不便	70 地方	71 有名
72 村長	73 人氣	74 中心	75 白旗
76 入口	77 正直	78 百姓	79 青春
80 日出	81 工夫	82 食前	83 市場
84 安全	85 自主	86 天下	87 老後
88 ⑦	89 ⑪	90 ⑦	

【제110회】 기출문제(89p~91p)

1 하복	2 대표	3 색감	4 양지
5 특별	6 신약	7 번호	8 기온
9 운동	10 통로	11 학습	12 농악
13 주목	14 의술	15 야구	16 석유
17 실례	18 개업	19 승리	20 신동
21 원양	22 출석	23 평화	24 동창
25 서당	26 신용	27 집합	28 소화
29 현재	30 작년	31 두각	32 대립
33 등급	34 곧을 직	35 줄 선	36 사랑 애
37 친할 친	38 겨레 족	39 흰 백	40 눈 설
41 비로소 시	42 할아비 조	43 누를 황	44 다행 행
45 날랠 용	46 하여금/부릴 사	47 바람 풍	48 놓을 방
49 떼 부	50 쌀 미	51 고을 읍	52 뿌리 근
53 길 영	54 가까울 근	55 있을 유	56 ④
57 ②	58 ③	59 ③	60 ①
61 ②	62 ③	63 ④	64 ②
65 ⑧	66 ⑥	67 ④	68 車道
69 正面	70 入金	71 電算	72 登山
73 民家	74 後食	75 東海	76 休紙
77 命中	78 空間	79 軍歌	80 老母
81 花草	82 世上	83 秋夕	84 兄夫
85 住所	86 每月	87 十萬	88 ⑩
89 ④	90 ⑥		

【제111회】 기출문제(92p~94p)

1 운명	2 본의	3 발병	4 감복
5 통화	6 내의	7 대신	8 남행
9 공표	10 야광	11 친교	12 수술
13 다급	14 신부	15 고급	16 온도
17 대립	18 미음	19 향상	20 태반
21 사용	22 학자	23 작정	24 청명
25 집합	26 매호	27 신식	28 녹색
29 하체	30 풍속	31 외과	32 약수
33 예문	34 모양 형	35 아이 동	36 눈 설
37 제목 제	38 가까울 근	39 글 서	40 낮 주
41 아침 조	42 큰바다 양	43 동산 원	44 집 당
45 부을 주	46 길 영	47 공[勳] 공	48 기름 유
49 고을 군	50 화할 화	51 꽃부리 영	52 죽을 사
53 업 업	54 오얏/성(姓) 리	55 사랑 애	56 ②
57 ③	58 ①	59 ③	60 ③
61 ①	62 ①	63 ⑥	64 ⑧
65 ③	66 ⑥	67 ⑤	68 教育
69 有力	70 自然	71 活動	72 三重
73 空間	74 安全	75 便紙/片紙	76 土地
77 後世	78 天心	79 農事	80 生氣
81 來韓	82 方面	83 直前	84 同時
85 名數	86 海草	87 年老	88 ⑩
89 ②	90 ⑦		

한자능력검정시험

기출·예상문제집

한자능력검정시험

기출·예상문제집 6급

발 행 일 | 2026년 6월 15일
발 행 인 | 한국어문한자연구회
발 행 처 | 한국어문교육연구회
주 소 | 경기도 남양주시 다산순환로 20 B동 3층 34호(다산현대 프리미엄캠퍼스몰)
전 화 | 02)332-1275, 031)556-1276
팩 스 | 02)332-1274
등록번호 | 제313-2009-192호
I S B N | 979-11-91238-90-7 13700

정가 15,000원

공|급|처  T. 02-332-1275, 1276 | F. 02-332-1274
www.skymiru.co.kr